Wilhelm Roscher

Zur Geschichte der englischen Volkswirthschaftslehre

Aus dem III. Bande der Abhandlungen der Königlich Sächsischen Gesellschaft der

Wissenschaften

Wilhelm Roscher

Zur Geschichte der englischen Volkswirthschaftslehre
Aus dem III. Bande der Abhandlungen der Königlich Sächsischen Gesellschaft der Wissenschaften

ISBN/EAN: 9783337360900

Hergestellt in Europa, USA, Kanada, Australien, Japan

Cover: Foto ©Suzi / pixelio.de

Weitere Bücher finden Sie auf **www.hansebooks.com**

ZUR GESCHICHTE

DER

ENGLISCHEN
VOLKSWIRTHSCHAFTSLEF

VON

WILHELM ROSCHER.

Aus dem III. Bande der Abhandlungen der Königlich
Sächsischen Gesellschaft
der Wissenschaften.

LEIPZIG

WEIDMANNSCHE BUCHHANDLUNG.

1851.

ZUR GESCHICHTE

DER

ENGLISCHEN
VOLKSWIRTHSCHAFTSLEHI

IM

SECHZEHNTEN UND SIEBZEHNTEN
JAHRHUNDERT.

VON

W. ROSCHER.

4

Ihr eigentlich goldenes Zeitalter scheint die volkswirthschaftliche Literatur der Engländer zwischen 1742 und 1823 gehabt zu haben, d. h. von dem ersten Erscheinen der Hume'schen *Essays* an bis auf den Tod von David Ricardo. Hume, Adam Smith, Malthus und Ricardo sind die Chorführer dieser Periode, die Häupter der englischen Schule der Nationalökonomie. Und ich wüsste unter den Neueren kein Volk, keine Zeit, die in irgend einer Kunst oder Wissenschaft eine relativ vollkommenere Schule besessen hätten. — Jene vier grossen Engländer stehen im innigsten geistigen Zusammenhange unter einander; jeder von ihnen hat den Faden der Untersuchung fast genau da aufgenommen, wo ihn die Vorgänger hatten liegen lassen. Zugleich aber hat jeder auch durch neue, umfassende, ganz eigenthümliche Urbarungen das Feld der Wissenschaft erweitert; und nicht bloss dem Umfange nach, sondern ebenso sehr durch Vertiefung und Verschärfung der Methode selber. — Diese Schule ist im höchsten Grade universal: noch heute gilt insbesondere Adam Smith bei der Mehrzahl für den Gründer der wissenschaftlichen Nationalökonomie überhaupt, englische Schule und Theorie überhaupt für gleichbedeutend; wie sie denn allerdings gerade in den allgemeinsten, abstractesten Lehren ihre vornehmliche Stärke hat. Zugleich aber ist sie im höchsten Grade national: jene Männer sind durch und durch Engländer, mit Leib und Seele; ihre Grundsätze, ihre Beispiele wurzeln gänzlich in der Politik und Geschichte ihres Volkes, sind insgemein auf dessen Gesichtskreis beschränkt. Diesen Gesichtskreis übrigens haben sie mit bewunderungswürdigem Erfolge zu umfassen und zu beherrschen gesucht: sie haben die englische Philologie und

Geschichtsschreibung, die englische Geographie und Naturforschung vortrefflich für ihre Zwecke ausgebeutet. Von allem dem, was die Engländer neuerdings auf dem Gebiete des abstractern, systematischern Denkens geleistet haben, ist ihre Nationalökonomie ziemlich anerkannter Massen das Vollkommenste. Daher die grosse Popularität dieser Wissenschaft in England, für die sich Alles, vom Premierminister an bis zum Fabrikarbeiter herab, auf das Lebhafteste interessiert. Ueberhaupt kann man sagen, dass die klassischen Volkswirthschaftslehrer von England sehr gut jene gerade Mittelstrasse eingehalten haben zwischen Speculation und Erfahrung, Theorie und Praxis, Allgemeinem und Besonderem, Originalität und Studium, welche von jeher die besten Schulen in ihrer besten Zeit zu charakterisieren pflegt.

Heutzutage sind die Verhältnisse in vieler Hinsicht anders geworden. Nicht, als ob es in England gegenwärtig fehlte an tüchtigen Nationalökonomen. Die Namen Senior, MacCulloch, Torrens, Tooke, Loyd, Porter u. A. wird kein Sachkundiger anders, als mit Hochachtung aussprechen. Ebenso wenig aber können sie den früheren grossen Meistern zur Seite gestellt werden. Sie haben die vorhandenen Methoden vielfach genauer, detaillierter angewandt, aber nicht eigentlich verbessert, oder neue hinzu erfunden; sie haben das Material der Wissenschaft vielfach bereichert, jedoch immer nur auf den schon bekannten Gebieten, also ohne wahrhaft universaler zu werden; sie haben die Widersprüche der früheren Systeme vielfach ausgeglichen, ohne jedoch diese Ausgleichung selbst wieder zum Systeme zu erheben. Es ist der Unterschied blosser wackerer Gelehrten, deren Resultate man immer dankbar annimmt, und grosser schöpferischer Genien, die selbst in ihren Irrthümern unendlich viel Belehrendes haben. Wie wenige, für die Wissenschaft bedeutende Probleme sind in England seit dem Schweigen von Ricardo und Malthus zur Sprache gebracht, die nicht schon von den älteren, klassischen Meistern behandelt wären! Allerdings hat die Popularität der volkswirthschaftlichen Untersuchungen dort immer zugenommen; ja, sie ist noch jetzt in fortwährendem Steigen begriffen. Nationalökonomische Irrthümer, wie sie Pitt geläufig waren, könnten einen heutigen englischen Minister um seinen Ruf bringen. Wer aber die Geschichte anderer Schulen in irgend einem Fache studirt hat, dem wird es nicht entgangen sein, dass fast überall die grösste Extensität einer Kunst oder Wissenschaft ihre grösste Ausbreitung und Beliebtheit beim Publicum nach der Periode ihrer grössten Intensität, also nach der Schöpfung ihrer klassischen Meisterwerke einzutreten pflegt[1]. — Zwar hat neuerdings John Stuart Mill einen Versuch gemacht, den abgeschlossenen Kreis der englischen Nationalökonomie bedeutend zu erweitern, indem er nicht bloss eine Menge praktischer Fragen hereinzog, welche die abstracte Theorie bisher verschmähet hatte, sondern auch durch das Studium continentaler Verhältnisse eine Menge von britischen Nationalvorurtheilen beseitigte. Er selbst charakterisiert sein System dadurch, dass es die Volkswirthschaftslehre auf die sociale Philosophie anwende. Eine solche Socialphilosophie, die im Sinne der aristotelischen Politik und mit den Hülfsmitteln unserer Gegenwart die wirthschaftlichen Verhältnisse der ganzen Menschheit zu verarbeiten suchte, würde ohne Zweifel eins der grössten wissenschaftlichen Bedürfnisse befriedigen. In dieser Ausdehnung ist aber die Aufgabe von Mill gar nicht gefasst worden; es wären auch weder seine geschichtlichen Vorstudien, noch sein ethischer Gesichtskreis für einen solchen Zweck umfassend genug. So dass auch durch Mill die gegenwärtige britische Nationalökonomie den Charakter eines s i l b e r n e n Z e i t a l t e r s nicht verloren hat.

8

Die nachfolgenden Untersuchungen haben den Zweck, über die wenig bekannte Periode der englischen Volkswirthschaftslehre, welche dem goldenen Zeitalter vorangeht, Licht zu verbreiten. Ich werde in dieser Abhandlung nur bis zum Anfange des 18. Jahrhunderts kommen; eine spätere soll dann, so Gott will, die weiteren Fortschritte bis auf Hume und Adam Smith erörtern. Den anspruchslosen Titel »Zur Geschichte« habe ich desshalb vorgezogen, weil es zu sehr an Vorarbeiten fehlt[2], und auch die Quellenschriften auf unseren deutschen Bibliotheken viel zu selten gefunden werden, als dass ich eine erschöpfende Vollständigkeit garantieren könnte. Etwas Bedeutendes wird mir aber doch schwerlich entgangen sein.

I.
Der Socialismus im Anfange des sechzehnten Jahrhunderts.

Im eigentlichen Mittelalter haben es die Engländer ebenso wenig, wie irgend ein anderes neueres Volk, zu einem Systeme der Staatswissenschaft bringen können. Offenbar aus demselben Grunde, wesshalb auch die Griechen erst seit Perikles dazu gekommen sind. Grosse Thaten zu verrichten, schöne Kunstwerke zu erschaffen, vermag schon die Jugend; um aber systematisch darüber zu reflectieren, wird eine Reife des Geistes erfordert, welche sich bei Völkern, wie bei Individuen, erst im spätern Leben ausbildet. Und zwar sind regelmässig die Systeme der Volkswirthschaft noch jünger, als die der s. g. höhern Politik; gerade so, wie die Naturforschung weit früher die Bewegung der Himmelskörper, als die einfachen Vorgänge des Kochens, Düngens u. s. w. ergründet hat.

An die Spitze der englischen Volkswirthschaftslehre stellen wir die Utopia des THOMAS MORUS[3]. Wer das spätere Leben des Verfassers kennt, seine grausamen Ketzerverfolgungen, seinen Märtyrertod für die katholische Kirche (1534), der wird erstaunt sein, in dieser frühern Schrift einen Gedankenkreis zu finden, welcher einerseits an die gelehrten Indifferentisten und Skeptiker gränzt, wie Erasmus, andererseits an die Bauernkriege und Wiedertäufer jener Periode. Morus selber drückt sich über das Verhältniss seiner Person zum Inhalte seiner Schrift mit Vorsicht aus. Der grösste Theil derselben ist einem, angeblich aus Utopia zurückgekehrten Reisenden, Raphael Hythlodeus in den Mund gelegt. Selbst dieser versichert mitunter, dass er die Einrichtungen der Utopier nicht sowohl vertheidigen, als beschreiben wolle (p. 141). Und Morus behält sich ausdrücklich vor, dass er keineswegs mit Allem einverstanden sei (p. 202 und öfter). Gleichwohl ist nicht zu bezweifeln, dass sein Ideal in der Utopia wirklich vorliegt. Wie derselbe Mann durch oberflächliche Betrachtung menschlichen Elends zum Socialisten werden, hernach aber durch lebendige Erfahrung der hiermit verbundenen Thorheiten, Frevel und Unmöglichkeiten[4] zu leidenschaftlicher Anhänglichkeit an das Bestehende zurückkehren kann, das wird gerade unsere Zeit wohl nachzuempfinden wissen.

Wie die Geschichte lehrt, so haben s o c i a l i s t i s c h e oder c o m m u n i s t i s c h e   T h e o r i e n einen breitern und tiefern Anklang nur da gefunden, wo folgende zwei Bedingungen zusammentrafen: erstens ein schroffer Unterschied von Reich und Arm, wodurch einerseits Hochmuth und Menschenverachtung, andererseits Hoffnungslosigkeit und Neid auf einen ungewöhnlichen Grad gesteigert wurden, zumal wenn gleichzeitig eine hoch entwickelte Arbeitstheilung den Zusammenhang zwischen Verdienst und Lohn für Laien verdunkelt hatte: sodann eine Verwirrung und Abstumpfung des öffentlichen Rechtsgefühls in Folge bedeutender, wohl gar entgegengesetzter Revolutionen. So ist es heutzutage; so war es im Zeitalter des sinkenden Griechenthums; in den letzten anderthalb Jahrhunderten vor Christus; so auch im Anfange der neuern Zeit bis zur Mitte des 17. Jahrhunderts. — Diess ist die Zeit, wo die grosse Minenproduction von Amerika nebst anderen verwandten Vorgängen ihren Einfluss auf die europäischen Preisverhältnisse ausübte. Jedes Sinken aber der Circulationsmittel, so nützlich es den Gewerbsunternehmern ist, pflegt die niederen Klassen hart zu drücken, weil diese den Preis ihrer Arbeit nur sehr allmählig, und zwar nur durch vermindertes Angebot, d. h.

Auswanderung oder Aussterben, entsprechend zu erhöhen vermögen. Nach Kornpreisen berechnet, stand der englische Tagelohn um 1495 zwei- bis dreimal so hoch, als hundert Jahre später. Diess ist ferner die Zeit, wo in so vielen Ländern das alte patriarchalische System des Ackerbaues mit dem neuen speculativen vertauscht wurde: ein Uebergang, der sich namentlich in England durch Einführung der Feldgraswirthschaft statt des Dreifeldersystems, durch Legung zahlloser Bauerhöfe und Bildung grosser Zeitpachten vollzogen hat. Hier wäre nun offenbar das Natürlichste gewesen, die auf solche Art überflüssig gewordenen Feldarbeiter im Gewerbfleisse unterzubringen. Allein die Finanzwirthschaft des 16. Jahrhunderts, welche grösstentheils auf Staatsmonopolien beruhete, und damit natürlich die Gewerbe furchtbar drückte, machte diess unmöglich. Dazu kam die Aufhebung der Klöster, wodurch gleichfalls die unmittelbare Armennoth sehr gesteigert werden musste. Am deutlichsten spricht sich diese ganze Lage der Dinge in den zahlreichen Gesetzen aus, die seit dem 27. Regierungsjahre Heinrichs VIII. zur Unterstützung der Armen, Errichtung von Arbeitshäusern u. s. w. gegeben wurden, und die in den letzten Jahren der Elisabeth endlich zu der berühmten Armenacte führten. Es sollen in der spätern Zeit der Elisabeth wohl 3–400 kräftige Vagabunden in jeder Grafschaft existirt haben, die von Raub und Diebstahl lebten, in Banden, bis 60 Mann stark, auftraten, und selbst der Obrigkeit zu imponiren wussten[5]. — Was nun andererseits die Stimmung des Volkes inmitten dieser Drangsale betrifft, so gedenke man des Bauernkrieges, der Wiedertäufer, des niederländischen Aufstandes, der Reformation und Gegenreformation, zumal in England, der Thronstreitigkeiten unter Elisabeth, der Verfassungskämpfe unter den ersten Stuarts, endlich der Revolution und Republik. Es war unter Cromwell eine sehr weit verbreitete Ansicht, dass Niemand seinem Grundherrn ferner Pacht schuldig sei. So wenig standen die politischen und kirchlichen Ansichten der Levellers vereinzelt da.

Die ersten Anfänge dieser Bewegung, welche fast anderthalb Jahrhunderte lang Westeuropa durchzitterte, bilden die Grundlage zum Verständnisse des Morus'schen Werkes. Wie in allen socialistischen Systemen, so ist auch hier der k r i t i s c h e T h e i l verhältnissmässig am wahrsten. — Vor Allem klagt Morus über die gewaltige Zahl der Faullenzer im Staate, wogegen die Fleissigen, obschon sie jene doch ernähren müssen, fast verschwänden. Er rechnet dazu die Geistlichen, Edelleute, ganz besonders auch die Gefolge der letzteren, die Mehrzahl der Weiber, die Bettler u. s. w. Und selbst die Arbeiter werden grösstentheils mit ganz unnützen Dingen beschäftigt, bloss um für Geld die Eitelkeit der Reichen zu befriedigen (p. 39 ff. 99). Den kostspieligen Soldheeren will More nicht einmal militärischen Nutzen zugestehen (p. 40). Wollten Alle fleissig sein, und nur wahrhaft nützliche Geschäfte treiben, so brauchte sich Niemand sehr anzustrengen; während jetzt die wenigen wahren Arbeiter schlimmer als das Vieh genährt und überhetzt werden, zumal wenn man ihre Aussichtslosigkeit für Alter, Krankheitsfälle u. s. w. mitbedenkt (p. 96. 197). Ebenso unzufrieden ist Morus mit der gegenwärtigen Art der Consumtion; er eifert gegen die Wein-, Bier- und Hurenhäuser, gegen Würfel, Karten und andere Hazardspiele (p. 46. 95). Jedes Streben, äusserlich vor Anderen hervorzuragen, ist ihm eine strafbare Thorheit; wesshalb er z. B. das nützliche Eisen höher achtet, als das seltene Gold (p. 117), und den Vorzug der feinen Wollzeuge vor den groben damit lächerlich macht, dass ja auch die besseren vorher nur von Schafen getragen worden (p. 131 fg.). Besonders eifert er gegen die fiscalischen Plusmachereien, die seiner Zeit üblich waren: so z. B. Münzveränderungen, Steuerforderungen wegen bloss scheinbarer Kriegsgefahr, Geldstrafen wegen Uebertretung längst verschollener Gesetze u. s. w. (p. 65); oder gar die extreme Regaltheorie des 16. Jahrhunderts, wonach alles Gut des Volkes dem Fürsten gehören sollte (p. 68). Die oben erwähnten agronomischen Veränderungen[6] betrachtet er in einem so ungünstigen Lichte, dass er die Schafe reissende Bestien nennt, welche Menschen fressen, und Land wie Stadt verwüsten (p. 42)[7]. Mit vorzüglicher Energie werden am Schlusse des ganzen Werkes alle angeblichen Gräuel unserer Civilisation nochmals zusammengestellt (p. 197 ff.). Da heisst es geradezu, alle heutigen Staaten seien eigentlich nur Verschwörungen der Reichen, um unter der Maske des Gemeinwohls ihren Privatnutzen zu fördern. Der Arbeiter werde von der *respublica* während seiner kräftigen Jahre ausgebeutet; hernach aber, wenn er durch Alter und Krankheit gebeugt, völlig hülfsbedürftig geworden, mit dem schnödesten Undanke belohnt. All diess Elend jedoch, Diebstahl, Betrug und Raub, Streit, Mord und Aufruhr, Kummer, Sorgen, die Armuth sogar würden mit Abschaffung des Geldes von selbst wegfallen; sowie man ja schon gegenwärtig nach jeder Missernte sehen könne, dass die Hungersnoth lediglich eine Folge der, durch das Geld bewirkten, üblen Vertheilung des Kornvorrathes sei.

Die positiven Behauptungen und Heilvorschläge des Morus sind denen der neuesten Socialisten so ungemein ähnlich, dass sich schon hierin die leicht erschöpfte Unfruchtbarkeit des ganzen s. g. Socialismus erkennen lässt. Ich will nur das Wichtigste anführen. — Die utopische Lebensphilosophie ist ein vollständiger Eudämonismus. Alle Tugend besteht darin, der Natur gemäss zu leben; die Natur selbst aber gebietet uns, das Vergnügen (*voluptatem, vitam iucundam*) als den Zweck aller unserer Handlungen zu betrachten (p. 129). Dass dieses Vergnügen auf keine allzu rohe Art gefasst wird, versteht sich bei Thomas Morus von selbst. Hierzu kommt ein anderer Grundsatz: Niemand kann etwas gewinnen, was nicht ein Anderer verloren hat (p. 79). Wer diese beiden Principien zugiebt, wird nicht umhin können, das Privateigenthum zu verwerfen (p. 76). In Utopien herrscht daher Gütergemeinschaft und Arbeitsorganisation, so dass insbesondere die Behörden fast ausschliesslich damit beschäftigt sind, jeden Müssiggang zu verhüten (p. 96). Freilich ist jeder Stadt ein gewisser Landbezirk eigenthümlich zugewiesen (p. 86); und auch die einzelnen Familien bilden in mancher Hinsicht abgeschlossene Kreise. Indessen wird die Gleichmässigkeit der Bevölkerung durch Uebersiedelung aus einer Stadt und Familie, die zu voll geworden[8], in andere, zu leere fortwährend erhalten (p. 104). Ackerbau treiben Alle, indem sie periodisch mit einander abwechseln (p. 86); ausserdem beschäftigt sich Jeder noch mit einem Handwerke (p. 95). Man speist an gemeinschaftlichen Tafeln (p. 108 ff.); die Kleidung Aller ist auf das Genaueste uniform (p. 102). Nur mit obrigkeitlicher Genehmigung darf sich Jemand den Studien ausschliesslich widmen (p. 100); auch nur mit einem Passe auf Reisen gehen, wobei übrigens kein Gepäck mitgenommen wird, da Jedermann überall zu Hause ist (p. 113). Aller wechselseitige Mangel und Ueberfluss wird unter Leitung des Staates durch Geschenke ausgeglichen (p. 114). Das edle Metall, welches auf dem Wege des auswärtigen Handels in grosser Menge nach Utopien strömt, wird lediglich zu dem Zwecke aufbewahrt, um auswärtige Kriege damit zu führen; im Lande selbst behandelt man es mit der grössten Verachtung, so dass z. B. die Verbrecher goldene Ketten tragen, die kleinen Kinder mit Perlen und Edelsteinen spielen, die Nachtgeschirre von Gold und Silber gemacht werden (p. 115 ff.).

Es ist ebenso bekannt, wie erklärbar, dass die Theoretiker der Gütergemeinschaft in der Regel auch für

Weibergemeinschaft und Emancipation der Frauen geschwärmt haben. Denn Tisch und Bett, Haus und Ehe sind ja nur verschiedene Seiten eines und desselben Verhältnisses, des Familienlebens; daher die consequenten Gegner des Sondereigenthums kaum unterlassen können, auch die Sonderehe zu bekämpfen. Und was die Frauenemancipation betrifft, so wird der extreme Gleichheitssinn, welcher zur Gütergemeinschaft führt, auch die sociale Ungleichheit der beiden Geschlechter nicht anerkennen wollen. Mit den Wiedertäufern ist nun Morus auf diesem Gebiete nicht zusammenzustellen; jedoch fehlt es bei ihm durchaus nicht an allen Analogien. So lässt er die utopischen Frauen nicht bloss an dem wissenschaftlichen Unterrichte (p. 97), sondern auch an den militärischen Uebungen der Männer theilnehmen (p. 164); selbst das Priesteramt können alte und ehelose Frauen bekleiden (p. 187). Hinsichtlich der Ehe ist seine vornehmste Reform darauf gerichtet, dass Braut und Bräutigam, vor Knüpfung des unauflöslichen Bandes, im Beisein passender Zeugen einander nackend sehen (p. 150); ausserdem sollen auch Ehescheidungen auf eine, wenigstens für Katholiken bedenkliche, Art erleichtert werden (p. 152).

Charakteristisch sind endlich noch folgende Punkte: 1) Die grosse religiöse Toleranz des Morus, die zwar in damaliger Zeit bei klassisch gebildeten Männern nichts Seltenes war, alsbald aber so gründlich beseitigt wurde, dass z. B. 1613 in England Personen als Verleumder mit lebenslänglicher Kerkerstrafe belegt worden sind, weil sie behauptet, einzelne Geheimerathsmitglieder hätten ein Toleranzgesetz empfohlen. In Utopien dagegen herrscht die völligste Glaubensfreiheit, nicht allein des Friedens willen, sondern auch weil man sie eben der Religion und Wahrheit selber am zuträglichsten findet (p. 180). In den Tempeln wird eine kluge Neutralität beobachtet, namentlich Alles vermieden, was irgend einer Secte irgendwie anstössig sein könnte (p. 190). Ueberhaupt ist es hier Grundsatz, ja nicht leichtfertig über irgend eine Religion zu urtheilen (p. 185). Freilich schmeckt diess Alles etwas nach Indifferentismus, zumal wenn man bedenkt, wie gut der Idealstaat des Morus auch ohne Christenthum hat fertig werden können. Die Einführung des Christenthums scheint ihm ungefähr auf derselben Stufe zu stehen, wie die Einführung der griechischen Literatur[9], obschon er dem erstern seine Hinneigung zur Gütergemeinschaft nachrühmt (p. 177). Uebrigens bleibt die utopische Toleranz doch immer noch sehr hinter der heutigen zurück; denn Ansichten, welche die Unsterblichkeit der Seele, die Vergeltung nach dem Tode, die göttliche Vorsehung leugnen, gelten dort für unmenschlich, und machen unfähig zum Bürgerrechte (p. 180). — 2) Seine M i l d e g e g e n V e r b r e c h e r. Morus gehört zu den erklärtesten Gegnern der Todesstrafe, die er fast in allen Fällen durch Freiheitsstrafen, gezwungene Arbeit u. dergl. ersetzen will (p. 153). Namentlich scheint es ihm rechts- und bibelwidrig zu sein, wenn Diebe getödtet werden[10] (p. 49). Ja, es kommen Anklänge an die neuerdings beliebte Meinung vor, als wenn zur Verhütung von Verbrechen nicht sowohl die Verbrecher selbst, sondern vielmehr die bürgerliche Gesellschaft sich ändern müsste (p. 38 ff. 52). — 3) Im Allgemeinen sind die Utopier zwar äusserst friedfertig; sie verachten insbesondere den herkömmlichen Begriff soldatischer Ehre bis zu dem Grade, dass sie vorzugsweise durch Prämien auf die Ermordung oder Auslieferung der feindlichen Fürsten und Offiziere zu wirken suchen (p. 164 fg.). Dagegen schreiten sie, abgesehen von der Vertheidigung, in zwei Fällen ganz unbedenklich zum K r i e g e: erstens, um fremde Nationen von Tyrannenherrschaft zu befreien (*quod humanitatis gratia faciunt*: p. 161); sodann auch, um ihrer überschüssigen Population in minder bevölkerten Ländern, die gleichwohl ein friedliches Eingehen auf die utopische Verfassung verschmähen, ein Unterkommen zu verschaffen (p. 105).

Wer mit der neuern socialistischen Literatur irgend vertraut ist, wird die Bedeutung dieser Ansichten würdigen können.

II.
Die Preiserniedrigung der edlen Metalle[11].

Die Preiserniedrigung aller Circulationsmittel, welche in den meisten europäischen Ländern während des 16. Jahrhunderts vor sich gegangen ist, wird in der Regel als eine Folge der grossen amerikanischen Minenproduction betrachtet. Und die wichtigste Ursache ist diess allerdings; aber schwerlich die einzige. Das Sinken der Metallpreise nämlich war schon in einer Zeit bedeutend, als die amerikanischen Zuflüsse nachweislich noch lange nicht die Ausdehnung erreicht hatten, um eine solche Wirkung erklären zu können. Während insbesondere vor der Entdeckung Potosis (1545) fast gar kein amerikanisches Silber nach Europa strömte, war doch in Frankreich schon zwischen 1500 und 1530 der Preis des Silbers um etwa 50 Procent gesunken[12]; und die, bis 1522 geradezu ausschliessliche, Goldzufuhr aus Amerika hat gleichwohl den Preis des Goldes dem Silber gegenüber nicht bemerkbar verringert. Ein Hauptgrund des ganzen Vorganges wird vielmehr in den gleichzeitigen inneren Veränderungen der europäischen Volkswirthschaft liegen. Diese erwachte damals in den meisten Ländern aus dem Schlafe des Mittelalters. Das starre Volkskapital wurde gleichsam flüssig. Mit der wachsenden Rechtssicherheit wurde auch die Speculation rühriger, und beides zusammen trieb die Einzelnen wie die Staaten an, das mittelalterliche Schatzwesen aufzugeben. Während das Geld früher hauptsächlich als Werthdepositum gedient hatte, trat nun seine Umlaufsfähigkeit in den Vordergrund. Die zunehmende Arbeitstheilung machte den Umlauf immer schneller. Zugleich entfaltete der Credit sowohl seine productionsfördernde, wie seine geldersparende Kraft immer grossartiger. Auch die eigentlichen Geldsurrogate, wie z. B. Wechsel, wurden bedeutender[13]. So erklärt es sich denn, wesshalb in Italien, dem zuerst gereiften Lande der neuern Zeit, auch die Wohlfeilheit der edlen Metalle schon vor der Entdeckung Amerikas völlig entwickelt war. Hier sind die Waarenpreise zu Anfang des 16. Jahrhunderts fast gar nicht gestiegen; ja, man behauptet sogar, dass der Preis des Geldes um 1750 auf den italienischen Märkten wenig niedriger gewesen, als um 1450[14].

Hiermit hängt es nun auch zusammen, dass die grosse Preisrevolution verschiedene Länder zu sehr verschiedener Zeit ergriffen hat. In Frankreich z. B. und in Ober-Deutschland fing die Erschütterung bereits in den ersten Decennien des 16. Jahrhunderts an, war aber in den achtziger Jahren wieder zur Ruhe gelangt. In E n g l a n d dagegen, wo sie erst im dritten Decennium des 17. Jahrhunderts zur Ruhe kam, ist auch ihr Anfang ein ungleich späterer gewesen.

Zu den frühesten und zugleich bekanntesten Klagen über diesen Vorgang sind einige Aeusserungen in den Predigten des berühmten HUGH LATIMER zu rechnen. Dieser ebenso fromme und gelehrte, wie populäre Bischof, dessen evangelische Opposition von Heinrich VIII. mit Absetzung und Gefängniss, von der katholischen Maria (1555) mit dem Scheiterhaufen gestraft wurde, hielt in der Zwischenzeit am Hoflager des minderjährigen Königs, Eduards VI., Predigten in der Paulskirche. In einer derselben (19. Januar 1548) zählt er die traurigen Folgen auf, womit die grosse, immer noch wachsende allgemeine Waarentheuerung das englische Volk bedrohe. An seiner eigenen Familie habe er Gelegenheit gehabt, diess zu beobachten. »Mein Vater war Pächter, ohne eigenen Grundbesitz; er hatte ein kleines Gut zu 3 bis 4 Pfund St. gepachtet, und bauete darauf so viel Getreide, um ein halbes Dutzend Menschen zu ernähren. Er hatte

Weide für 100 Schafe, und meine Mutter melkte 30 Kühe. Er konnte ein Pferd halten, und dem Könige als gepanzerter Reitersmann dienen; ich selbst erinnere mich noch, ihm den Harnisch angeschnallt zu haben, als er zum Treffen von Blackheath (1497) gieng. Er verheirathete meine Schwestern, jede mit einer Aussteuer von 5 Pfund St. oder 20 Nobles, und erzog sie in Frömmigkeit und Gottesfurcht. Gegen arme Nachbaren übte er Gastfreundschaft, und gab stets Almosen. Alles diess leistete er bei seinem niedrigen Pachtschillinge. Jetzt aber zahlt er jährlich 16 Pfund St. Pacht, und ist ausser Stande, weder für seinen König, noch für sich, noch für seine Kinder etwas zu thun, noch den Armen einen Trunk zu geben.« An einer andern Stelle wird das Steigen der Grundrenten doch etwas niedriger gesetzt: »was für 20 oder 40 Pfund St. verpachtet wurde, kostet jetzt 50 oder 100 Pfund St. und mehr. Daher entsteht denn Hungersnoth für die Armen inmitten eines Ueberflusses von Früchten; alle Nahrungsmittel sind unnatürlich theuer, und wir werden bald für ein Schwein 1 Pfund St. zahlen müssen. Die ärztliche Behandlung des Landvolkes, die juristische Anwaltschaft für die Armen, die Waaren der Kaufleute, Alles ist zu theuer, wenn die Einnahmen der Grundbesitzer zu hoch sind.«[15] Als letzte Ursache des Uebels wird hier offenbar die Steigerung der Pachtschillinge angesehen, wobei der ehrwürdige Verfasser auf das Lebhafteste gegen die *Inclosures*, die Vermehrung der Schafweiden, den Getreidewucher u. dgl. m. eifert.

Man hat diese Stelle in der Regel zum Beweise gebraucht, dass bereits vor der Mitte des 16. Jahrhunderts ein bedeutendes Sinken der Geldpreise in England bemerklich geworden sei. Indessen bietet sie gerade in dieser Hinsicht grosse, zum Theil noch unbeachtete, Schwierigkeiten dar, welche durch die blosse Erwägung der veränderten Münzfüsse keineswegs gehoben werden. Es waren nämlich in heutiger Währung 4 Pfund St. um 1497 = 5 Pfund 6 S. 8 D., und 16 Pfund St. um 1548 = 14 Pfund 2 S.: so dass die Pachtsteigerung des alten Latimer nicht 300, sondern nur etwas über 164 Procent betrug. — Dass nun eine Preiserniedrigung der Circulationsmittel gerade den Pächterstand schwer bedrücken sollte, ist kaum zu glauben. In der Regel wird sie diesem grossen Vortheil bringen, weil seine Pachtcontracte, so lange sie eben laufen, noch den alten Werth des Geldes zur Unterlage haben, seine Producte aber schon zu den neuen Preisen abgesetzt werden. Selbst wenn der Vater Latimer's ein jährlich kündbarer Pächter gewesen wäre, so hätte die Steigerung seines Pachtzinses, durch ein Sinken der Geldpreise bewirkt, der Steigerung der Kornpreise schwerlich voraufgehen können. Die Kornpreise aber sind in der vorliegenden Periode keineswegs bedeutend höher geworden. Nach den Untersuchungen Arthur Youngs[16] galt der Quarter Weizen, nach heutigem Gelde berechnet, im Durchschnitt der Jahre

1500 - 1519	6 S. 7 D.
1532 - 1562	8 S. 3 1/2 D.
1573 - 1575	1 Pfund 15 S. 8 D.
1586 - 1599	2 Pfund 2 S. 4 D.

Ich habe ferner aus den, von Eden mitgetheilten, Weizenpreisen[17] den Durchschnitt gezogen, und auf heutiges Geld reducirt; hiernach kämen alsdann auf die Jahre

1495 - 1504	10 S.
1505 - 1514	13 S. 4 D.
1515 - 1526[18]	18 S. 1 D.
1527 - 1542	20 S. 4 D.
1543 - 1552	17 S. 9 D.
1553 - 1560	14 S. 7 D.

1561 - 1569	17 S.
1572 - 1585	22 S. 4 D.
1586 - 1599	34 S. 4 D.

Diese beiden, an sich ziemlich unsicheren, Angaben werden für unsern Zweck hinreichend corrigiert durch die Bestimmungen der englischen Korngesetze. Es ward nämlich die Ausfuhr des Getreides nur dann erlaubt, wenn die Kornpreise auf einen, nach der Ansicht des Gesetzgebers recht niedrigen, Stand gesunken wären. Und zwar wurde dieser Normalpreis festgesetzt für den Quarter Weizen

1554 auf	6 S. 8 D.
1559	6 S. 8 D.
1563	10 S.
1593	20 S.
1604	26 S. 8 D.[19]

Aus allen diesen Angaben erhellt wenigstens so viel, dass eine bedeutende Steigerung der Kornpreise erst unter Elisabeth eingetreten[20]. — Den scheinbaren Widerspruch zwischen solchen Thatsachen und den Aeusserungen des Bischofs Latimer glaube ich auf folgende Art lösen zu können. Die Theuerung der Kaufmannswaaren, der feineren Arbeitslöhne u. s. w. wird von der allgemeinen, schon damals begonnenen Preiserniedrigung der Circulationsmittel herrühren. Dass die Kornpreise hiervon nicht mit gesteigert wurden, schreibe ich den grossen Verbesserungen des englischen Ackerbaues zu, welche die erste Hälfte des 16. Jahrhunderts charakterisieren, insbesondere auch seit der Secularisation der Klostergüter. Mit der hierin liegenden Verminderung der Productionskosten vermochte das Zunehmen der Bevölkerung nicht gleichen Schritt zu halten. Eine Steigerung der Grundrente, im streng Ricardo'schen Sinne des Worts, kann freilich die unmittelbare Folge hiervon nicht sein; gar wohl aber eine Steigerung der Pachtschillinge, in denen ja der Kapitalzins meistens eine so bedeutende Quote bildet. Die jener Zeit übliche Zusammenlegung vieler kleiner Farms in grosse, die Einführung der Koppelwirthschaft u. s. w.: alles diess musste in unzähligen Fällen eine für die kleinen Pächter sehr ungünstige Concurrenz veranlassen; um so mehr, als die weltlichen Besitzer der früheren Klosterländereien ihre Untergebenen überhaupt viel rücksichtsloser behandelten, als diese unterm Krummstabe gewohnt waren. Man denke nur an die furchtbaren Bauernkriege des Jahres 1549, welche hauptsächlich Wiederherstellung der Klöster und Beseitigung der *Inclosures* bezweckten. Noch 1597 kommt in Oxfordshire ein kleiner Aufruhr vor, um die Zäune einzureissen und den Kornbau wiederherzustellen; 1607 ein sehr bedeutender in den mittelländischen Grafschaften zu demselben Zwecke. Ein so steinalter Mann, wie des Bischofs Vater, konnte sich natürlich in die ganz veränderte Landwirthschaft der neuen Generation wenig finden, und musste dadurch verarmen. Diess lag um so näher, als seine Farm besonders auf Viehhaltung eingerichtet war, und die neuen Verbesserungen des Betriebes sich ganz vorzugsweise auf diesen Zweig geworfen hatten. Endlich muss man auch die Stimmung des Bischofs selbst berücksichtigen, der gleichfalls ein alter Mann, dazu Geistlicher war, und den Uebergang der Landwirthschaft aus dem alten *feudal system* in das neue *commercial system* mit ähnlichem Missbehagen ansehen mochte, wie mancher heutige Greis die Ausdehnung der Eisenbahnen. Alle Geistlichen waren damals in ihrem Einkommen geschmälert, und empfanden, wie jeder wirthschaftlich sinkende Stand, die vielen Münzverringerungen auf das Bitterste. — Sogar die speciell erwähnte Theuerung des Schweinefleisches lässt sich aus inneren Veränderungen der Waare selbst erklären. Das

24

Schwein pflegt im Mittelalter jedes Volkes das gemeinste und wohlfeilste Hausthier zu sein, und dann auf den höheren Kulturstufen, wenn namentlich die Waldfläche sich verkleinert, in besonders hohem Grade theuerer zu werden. Hierzu kam nun im damaligen England noch die starke Verminderung der kleinen Pächter und ländlichen *Cottagers*, d. h. also derjenigen Klasse, welche zu jeder Zeit die Mehrzahl der Schweine zu halten und von den Abfällen ihrer kleinen Wirthschaft zu ernähren pflegt.

Als nun später die grosse Preisrevolution im vollen, unzweifelhaften Gange war, erschien eine geistvolle, welterfahrene Schrift, um die öffentliche Meinung darüber in Worte zu fassen und zu kritisieren: *A compendious or briefe examination of certayne ordinary complaints of divers of our countrymen in these our days; which, although they are in some part unjust and frivolous, yet they are all by way of dialogues thoroughly debated and discussed. By W. S., gentleman. 4. London 1581.* Als Verfasser wird insgemein WILLIAM STAFFORD genannt[21]. Das Werk ist in Form eines Gesprächs zwischen einem Landedelmanne, einem Doctor der Theologie, einem Pächter, einem Krämer und einem Mützenmacher geschrieben, um auf solche Art die wichtigsten Volksklassen zu repräsentieren[22]. Charakteristisch genug, dass die Klasse der vorzugsweise s. g. Arbeiter fehlt! — Ueber den Grad der beklagten Preisveränderung wird u. A. Folgendes bemerkt. Es koste jetzt, also 1581, 200 Pfund St., um ein ebenso gutes Haus zu halten, wie 16 Jahre früher für 200 Mark, d.i. 133 Pfund 6 S. 8 D. (*fol.* 5). Eine Mütze habe damals 13 D. gekostet, jetzt 2 S. 6 D.; ein Paar Schuhe damals 6 D., jetzt wenigstens 12 D.; ein Pferd zu beschlagen damals 6 D., jetzt 10 bis 12 D. (*fol.* 11). Vor 30 Jahren sei die beste Gans oder ein Spanferkel um 4 D. zu haben gewesen, jetzt nur um 12 D. Ein guter Kapaun habe damals 3 bis 4 D., ein Küchlein 1 D., eine Henne 2 D. gekostet; jetzt gelten sie das Doppelte oder Dreifache. Aehnliches Steigen der Hammel- und Ochsenpreise (*fol.* 14).

Die Klagen des Landedelmannes beziehen sich darauf, dass er nicht so im Stande sei, wie die meisten anderen Klassen, den Preis seiner Ländereien in gleichem Verhältniss zu dem Steigen der Waarenpreise höher zu treiben. Seine Renten seien zwar etwas bedeutender, als die seiner Vorfahren; die Kosten seines Haushaltes aber in viel höherem Grade. Als Ursache hiervon bezeichnet er mit Recht die in England herrschende Gewohnheit, die Pachtcontracte auf lange Zeiten, insbesondere auf mehrere Lebensläufe, abzuschliessen. Viele seiner Standesgenossen waren desshalb genöthigt, ihre Landsitze zu verlassen, und sich zu London, in der Nähe des Hofes ganz bescheiden einzumiethen: Männer, die ehedem gewohnt waren, bis 10 Gentlemen in ihrem Hause zu unterhalten, und ausserdem noch 20 bis 24 Personen täglich als Gäste zu bewirthen. Wer von ihnen das Landleben fortsetzen wollte, der musste die, durch Ablauf der Pacht heimgefallenen, Grundstücke selbst verwalten; auch wohl fremde Besitzungen noch dazu pachten, um sie mit Schafen oder sonstigem Vieh zu bewirthschaften. Alle übrigen Nahrungszweige seien dem Edelmanne ja so gut wie verboten. — Gegen diese Mitbetheiligung der Gutsherren an der Landwirthschaft hat nun der Pächter viel einzuwenden. Die Grundrenten seien hierdurch enorm gestiegen. Ganz besonders aber klagt er die vielen Einhegungen an[23]. Dadurch werden die Pflüge zu Gunsten des Weidelandes lahm gelegt. So sind in meiner Gegend, 6 Meilen in die Runde, während der letzten Jahre mehr als ein Dutzend Pflüge ausser Beschäftigung gekommen; und wo ehemals 30 und mehr Personen ihren Unterhalt fanden, da sitzt nun Einer mit seinem Vieh, und hat Alles. Diess ist eine Hauptursache der jüngsten Unruhen gewesen; denn die Vielen, welche durch die Einzäunungen ihr Brot verloren haben und müssig gehen, wünschen eine Umwälzung, wobei es ihnen nicht übeler gehen kann, als jetzt. Die vornehmste Ursache aller unserer Noth sind die Schäfereien. Sie verdrängen die Pachtungen, durch welche vormals die Lebensmittel jeder Art zu niedrigem Preise erlangt wurden. Nun hört man nichts mehr, als Schafe, Schafe! während es doch besser wäre, nicht allein Schafe zu halten, sondern auch hinlänglich viele Ochsen, Kühe, Schweine und anderes Hausvieh, um genug Butter, Käse, Malz und Korn zu producieren[24]. — Freilich meint nun der Kaufmann, dass er niemals einen grössern Ueberfluss an Getreide und Vieh gesehen habe, als gerade jetzt, und im Ganzen während der letzten zwanzig Jahre überhaupt. Woraus dann von dem Gutsherrn der richtige Schluss gezogen wird, die Einzäunungen könnten schwerlich die Ursache der Theuerung sein; am allerwenigsten der Viehtheuerung, weil Nichts in der Welt die Viehzucht so sehr befördert, wie eben das Einzäunen. — Der Mützenfabrikant beschwert sich über die Steigerung des Arbeitslohnes. Er müsse seinen Arbeitern 2 Pence mehr für den Tag zahlen, als ehedem; und doch könnten diese nur kümmerlich davon bestehen. Auch die Handwerker haben einen schweren Stand, seitdem sich die Edelleute in Viehpächter verwandelt haben. Alle Gewerbetreibenden sind daher gezwungen, die Zahl ihrer Lehrlinge und Gehülfen auf das Aeusserste einzuschränken: was die bisher so reichen und starkbevölkerten Städte verarmen und entvölkern muss. Die Unruhen der letzten Zeit hängen auch hiermit zusammen. — Dieser Verfall der Städte, jedoch mit Ausnahme Londons, wird von dem Kaufmanne bestätigt. Er fügt noch hinzu, dass sich die allgemeine Theuerung auch auf die ausländischen Waaren erstreckte: Seide, Wein, Oel, Specereien kosteten jetzt über ein Drittel mehr, als noch vor wenig Jahren. — Der theologische Doctor endlich vervollständigt diesen Katalog der Zeitkrankheiten mit der grossen religiösen Spaltung des

Landes, welche die Menschen unter einander verfeinde. Es fragt sich, meint er sodann, ob der Theuerung nicht könnte abgeholfen werden, wenn der Landmann genöthigt würde, den Preis seiner Producte herabzusetzen; der Gutsherr, seine Ländereien nach dem alten Fusse zu verpachten, und so ein Jeder auf seinem Gebiete. Auch die Fremdwaaren fielen dann vermuthlich im Preise. Wenn jetzt die Ausländer z. B. ein Stück Sammet für 20 oder 22 Schilling verkaufen, und dieses Geld hernach für einen Stein Wolle hingeben: so würden sie wahrscheinlich wohl bereit sein, uns den Sammet für eine Mark zu überlassen, falls sie auch den Stein Wolle für eine Mark haben könnten. Zum Schluss erklärt der Doctor die allgemeine Waarentheuerung bei ebenso allgemeinem Waarenüberflusse aus der vergrösserten Geldmenge, welche der Handel ins Land gezogen[25]. Gelegentlich wird noch der Rath ertheilt, die Wolle ebenso wohlfeil zu machen, wie das Korn; indem man, nach Art der Kornausfuhrverbote, auch die Ausfuhr der rohen Wolle entweder ganz untersagte, oder doch mit höheren Zöllen beschwerte[26].

III.
Die Gründung des englischen Kolonialreiches.

Es ist gewiss übertrieben, wenn Adam Smith[27] die *auri sacra fames* für den einzigen Beweggrund erklärt, welcher die Ojeda, Balboa, Cortes u. s. w. zur Eroberung des spanischen Amerikas geführt habe. Denn fast alle grossen Ideen jener Zeit haben bei dieser Unternehmung zusammengewirkt: ausser dem Golddurste des erwachenden Mercantilsystems ganz besonders noch der ritterlich-fromme Bekehrungseifer des damaligen spanischen Katholicismus[28]. Noch bei Weitem schwerer jedoch ist es zu verantworten, dass Smith an derselben Stelle behauptet: «die ersten Abenteuerer aller anderen europäischen Nationen, welche Niederlassungen in Amerika versuchten, wurden von gleichen chimärischen Aussichten beseelt.» Diese Behauptung nämlich beweist eine vollständige Unkenntniss der Quellen, welche von den Gönnern und Führern der e r s t e n   e n g l i s c h e n   K o l o n i s a t i o n s v e r s u c h e selbst geschrieben sind. Sie wird nur dadurch erklärbar, dass sich in den frühesten Acten der englischen Kolonialgesetzgebung allerdings manche Anklänge an die spanische Auffassungsweise finden. So z. B. pflegte in den Privilegien, welche den s. g. Eigenthümerkolonien als Grundgesetz verliehen wurden, die Abgabe eines Fünftheils vom Ertrage der Gold- und Silberminen an den König vorbehalten zu sein[29]. Auch ist Sir Walter Raleigh in der berühmten Schrift *The discoverie of the large, rich and beautifull empire of Guiana (H a c k l u y t III, p. 627 ff.)* ganz vorzugsweise bemühet, den Goldreichthum des gepriesenen Landes ins Licht zu stellen. Er meint (p. 660), «wo Goldvorrath ist, da wird es unnöthig sein, anderer, für den Handel geeigneter Waaren zu gedenken;» obschon er selbst unmittelbar darauf Brasilholz, andere Färbestoffe, Baumwolle, Seide, Gummi, Pfeffer u. s. w. als Producte Guianas namhaft macht. Indess sind dergleichen Ansichten bei den englischen Koloniegründern nicht Regel, sondern Ausnahme.

Ich verweise zunächst auf den würdigen Halbbruder Raleighs, SIR HUMPHREY GILBERT, der in seiner Schrift: *A discourse written to prove a passage by the Northwest to Cathaia and the East-Indies, Chap. 10* die Vortheile schildert, welche aus einer Entdeckung dieser Durchfahrt hervorgehen würden[30]. Oben an steht hier die Möglichkeit, mittelst Abkürzung der Reise, die Waaren Indiens und anderer, civilisierter wie uncivilisierter, Länder wohlfeiler zu kaufen, als die Spanier und Portugiesen: also namentlich Gold, Silber, Juwelen, Seide, Gewürze und ähnliche Kostbarkeiten. (Nr. 1–3. 5.) Sodann aber wird die Aussicht gezeigt, in den neuentdeckten Ländern die arme Bevölkerung von England anzusiedeln, welche daheim die öffentliche Ruhe stört, aus Noth Verbrechen begeht, und oft den Galgen verwirkt. (Nr. 4.)[31] Es wird ferner ein stark vermehrter Absatz der englischen Tuchindustrie nach diesen Ländern gehofft, der überdem von jeder europäischen Macht unabhängig sein würde. (Nr. 6.) So könnte auch die Anfertigung von allerlei Spielwaaren u. s. w., welche die Indier schätzen, zur Beschäftigung armer Kinder benutzt werden, was abermals die Zahl der Vagabunden und Müssiggänger vermindern würde. (Nr. 8.) Dazu endlich noch eine Vermehrung der Seemacht, ohne irgend welche Belästigung des Staates. (Nr. 7.) Und Alles auf einem Wege, der keinem einzigen christlichen Staate zu gerechter Beschwerde Anlass geben kann!

Derselbe Gilbert richtet in seiner vortrefflichen Beschreibung von Neufundland[32] vorzugsweise auf solche Punkte sein

Augenmerk, welche dem blossen Goldsucher am fernsten zu liegen pflegen. Er beginnt also mit den guten Häfen der Insel. Weiterhin sucht er die Wirthbarkeit des dortigen Klimas zu prüfen, sowie die etwanige Gefahr, welche den Ansiedelern von Seiten der Ureinwohner drohe. Unter den Producten, theils zur Nahrung der Menschen, theils zum Betriebe des Handels, hebt er besonders den Fischreichthum hervor; ferner Holzwaaren, als Pech, Theer, Potasche, Masten, Dielen; endlich Häute, Pelzwerk, Hanf, Flachs, Metalle. Der Boden sei zur Viehzucht vortrefflich geeignet. «Ueberhaupt,» ruft er unwillig aus, «ist die Erde überreich mit Geschöpfen zum Nutzen der Menschheit versehen, aber der Mensch hat nicht den fünften Theil derselben benutzt! Um so schlimmer der Fehler und die thörichte Faulheit so vieler unserer Landsleute, welche lieber von unerlaubten Dingen leben, und sehr erbärmlich leben und sterben in diesem von Menschen vollgepfropften Reiche, als dass sie, wie es Männern geziemt, etwas wagten, um in jenen fernen Landen eine Wohnung zu erlangen, wo die Natur den Bemühungen der Menschen verschwenderisch entgegenkommt.» Indem er schliesslich von den Verarbeitungsstoffen redet, welche der Industrie in Neufundland dargeboten werden, gedenkt er hauptsächlich des Vorkommens von Eisen, Blei und Kupfer; ganz zuletzt auch einiger Silberspuren, die aber freilich nicht weiter hatten verfolgt werden können[33].

Als Martin Frobisher zur Entdeckung der nordwestlichen Durchfahrt seine Reisen unternahm (1576–78), gab RICHARD HACKLUYT einigen Gentlemen seiner Begleitung eine kurze Instruction darüber mit, auf welche Punkte man bei Gründung einer Kolonie vorzüglich zu achten habe[34]. Von dieser gilt nun ganz dasselbe, wie von der letzterwähnten Beschreibung. Wer zwischen den Zeilen zu lesen versteht, der wird finden, dass ihr eine sehr viel umfassendere und klarere Ansicht von Nationalreichthum zu Grunde liegt, als die Midasähnliche der Gold- und Silberanbeter. — Auch hier wird vor allen Dingen eingeschärft, eine gute Seelage zu wählen: also einen bequemen, vertheidigungsfähigen Hafen, am liebsten auf einer Insel in der Mündung eines schiffbaren Stromes, oder wenigstens auf einer Landspitze neben einer solchen Mündung. Man ist so der Aus- und Einfuhr, nach wie von allen Seiten, immer am sichersten. Wenn selbst die nächsten Umwohner des Hafens übel gesinnt blieben, und die Kolonisten von der Landseite her eingeschlossen hielten: so würde er doch für die fernere Umgegend ein Stapelplatz werden, und mit der Zeit ein bedeutendes Gebiet beherrschen können. Schifffahrt ist hier immer die Hauptsache, und zwar eine solche, die auch im Kriege sich vertheidigen kann. — Die Niederlassung muss ferner in einem gemässigten Klima geschehen, und an einer Stelle, wo süsses Wasser, Brennmaterial und Lebensmittel in ausreichender Menge zu haben. Nur wenn Gold-, Silber-, Kupfer- oder Quecksilberminen vorhanden sind, kann der Mangel jener unentbehrlichen Dinge mittelst der Schifffahrt wohl ersetzt werden. (Die einzige Beziehung, in welcher Hackluyt hier der edlen Metalle gedenkt!) Als ganz unerlässliche Bedingung einer Kolonie *in civil sort* werden gehörige Baumaterialien bezeichnet. Demnächst soll gegen die Eingeborenen die grösste Humanität und Höflichkeit beobachtet werden, insbesondere ohne alle Rachsucht; auf diese Art kann man die Landesproducte nicht bloss kennen lernen, sondern auch den auswärtigen Vertrieb derselben für sich gewinnen. Die eigene Production der Kolonisten muss sich ganz nach dem Klima und Boden richten. Hackluyt erinnert vorzugsweise an Seesalz, Wein und Rosinen, Oliven, Cochenille (beides zum Nutzen der englischen Tuchindustrie), Südfrüchte, Zuckerrohr, Häute, Holzwaaren u. s. w. «Wir brauchen alsdann nicht mehr von Spanien,

Frankreich und den Ostseeküsten abzuhängen; brauchen nicht mehr, so wie jetzt, unser Vermögen zu erschöpfen, und zweifelhafte Freunde unmässig zu bereichern: sondern werden unsern Bedarf zur Hälfte des jetzigen Preises einkaufen, durch unsere eigene Industrie und die Güte des dortigen Bodens.» Sollte sich übrigens die Niederlassung auf eine einzige Stadt beschränken müssen, so könnte doch immerhin der Handel, die Seefahrt und der Reichthum Englands dadurch zunehmen, auch ein Sicherheitsplatz gewonnen werden, der für den Fall religiöser Unruhen oder bürgerlicher Kriege im Mutterlande von grossem Nutzen sein würde.

Sehr ähnliche Ansichten hat SIR GEORGE PECKHAM entwickelt in seiner Schrift: *A true report of the late discoveries and possession taken in the right of the crowne of England of the newfound lands by that valiant and worthy gentleman, Sir Humphrey Gilbert*[35]. Hier werden im 4. Kapitel die Vortheile geschildert, welche England von solchen Kolonisationsreisen ziehen müsste. Obenan steht darunter, wie gewöhnlich, «das grösste Kleinod des Reiches und seine Hauptstärke in Angriff und Vertheidigung,» nämlich die Menge der Schiffe und Schiffsmannschaften, welche «der höchst stattlichen und königlichen Marine Ihrer Majestät» zur Hülfe bereit sind. Es wird dabei vornehmlich auf die nordamerikanische Fischerei hingewiesen, welche sich bisher, aus Mangel einer festen Station der Engländer an Ort und Stelle, nicht gehörig habe entwickeln können. Sodann wird der Absatz gepriesen, welchen die englischen Gewerbetreibenden mit Putzwaaren, Kleidungsstücken u. s. w. bei den Indianern finden würden. Diess könne allen denjenigen englischen Städten und Dörfern, welche aus Arbeitsmangel (wegen der so stark vermehrten Ausfuhr von roher Wolle) heruntergekommen sind, neuen Aufschwung verschaffen. Eine Menge von Müssiggängern wird schon dadurch beschäftigt, eine Menge halberwachsener Kinder vor dem Müssiggange bewahrt werden. Viele Weiber können sich überdiess mit Verarbeitung der Federn, des Hanfs, der Baumwolle und Färbestoffe beschäftigen, welche Amerika in solcher Fülle produciert; ihren Männern wird die Aussicht gestellt, in der Perlenfischerei, der Minenarbeit und Landwirthschaft, dem Wall- und Heringsfange, der Verfertigung grober Holzwaaren u. s. w. ein Unterkommen finden. Zum Schlusse macht der Verfasser noch auf die Möglichkeit der Nordwestpassage aufmerksam, und den hierdurch abgekürzten, wohlfeiler und sicherer gewordenen Verkehr mit Hinterasien. Dabei ist es höchlich charakteristisch, dass er auch für Spanien und Portugal den Hauptnutzen ihrer Entdeckungen und Eroberungen in der vermehrten Seemacht zu erblicken scheint. — Im 5. Kapitel setzt Peckham voraus, dass sich zwei verschiedene Kolonisationsgesellschaften bilden würden, eine von Noblemen und Gentlemen, eine von Kaufleuten; und er sucht beiden desshalb zu beweisen, wie sehr auch ihr Privatnutzen dadurch gefördert werden müsste. Selbst den Eingeborenen würde die Ansiedelung zum grossen Segen gereichen: hauptsächlich durch ihre Bekehrung zum Christenthume, dann aber auch durch wirthschaftliche und sociale Civilisation und Beschützung vor kannibalischen Nachbaren. (*Chap. 6.*)

Hieran schliesst sich zunächst die interessante Parallele, welche Captain CHRISTOPHER CARLEILL (April 1583) zwischen den zu hoffenden Vortheilen des amerikanischen Handels und anderen, schon bestehenden Handelszweigen gezogen hat: *A briefe and summary discourse upon the intended voyage to the hithermost parts of America*[36]. Der Zweck dieser kleinen Schrift ist dahin gerichtet, die Kaufleute, zumal der russischen Gesellschaft, welche zu dem Carleill'schen Unternehmen Geld vorgeschossen, über das nicht sofortige Eingehen ihres Gewinns zu beruhigen. Die nächsten Vorzüge, welche dem amerikanischen Handel vor dem russischen, türkischen u. s. w. nachgerühmt werden, sind seemännischer Art: dass die Reise in kürzerer Zeit und mit Begünstigung eines einzigen Windes, auch zu jeder Jahreszeit möglich ist; dass man sie ganz auf hoher See zurücklegt, und weder von anderen Staaten (wie z. B. Dänemark im Sunde, den Barbaresken im Mittelmeer), noch von unsicheren Küsten dabei Gefahr läuft; dass die für diesen Verkehr bestgelegenen Theile von England und Ireland reich an guten Häfen sind; endlich noch, dass die Ansiedeler ihren Glauben in keiner Weise zu verläugnen brauchen. In Amerika hat man nicht nöthig, einen grossen Theil des Geschäftsfonds, wie in Russland, zu Geschenken an Kaiser, Grosse oder Beamte zu verwenden; man bedarf keiner kostspieligen Gesandtschaften; man braucht keine Rivalität der Holländer zu fürchten. Dazu kommt nun, dass der amerikanische Handel mit der Zeit einer viel grösseren Ausdehnung fähig ist, als selbst der russische. Nordamerikas Producte können die russischen, Südamerikas die spanischen und italienischen mehr als ersetzen. Dieser Umstand wird besonders dadurch bedeutend, dass England mit seinen europäischen Nachbaren am ersten fürchten muss in Rivalität und Feindschaft zu gerathen, mit fern gelegenen Ländern schon weniger, mit einer Ansiedelung seiner eigenen Landeskinder gar nicht. Auch Carleill erwähnt als weitere Vortheile die Aussicht auf einen grossen Absatz englischer Fabrikate und auf die Entdeckung eines bequemern Weges nach Ostindien. Er malt dabei mit lebhaften Farben den traurigen Zustand von Uebervölkerung aus, in welchen England durch «langen Frieden, glückliche Gesundheit und gesegnete Fülle» gerathen sei, und der auch sittlich die schlimmsten Folgen nach sich ziehen müsse. Um diesem abzuhelfen, sei die Beförderung der Kolonisation eine Christenpflicht. Von Mineralschätzen dagegen schweigt der Verfasser absichtlich; etwas Sicheres wisse man einstweilen nicht darüber, und es sei mit der Aufregung derartiger Hoffnungen so viel Missbrauch getrieben, dass Manche ein unbedingtes Misstrauen dawider hätten. Die später so beliebte Theorie von günstiger oder ungünstiger Handelsbilanz findet weder in dieser Schrift, noch in den früher angezogenen eine Stelle.

Doch das merkwürdigste unter allen, hierher gehörigen, Büchern ist von einem Ungenannten zur Zeit Jacobs I. geschrieben: VIRGINIAS VERGER, *or a discourse shewing the benefits which may grow to this kingdom from American-English plantations, and specially those of Virginia and Summer Islands*[37]. Hat man sich hier durch die wunderliche, fast unerträgliche Anhäufung von Bibelstellen hindurchgearbeitet, womit das Recht der Engländer auf die Kolonisierung Virginiens soll bewiesen werden: so stösst man, zwar immer noch im Tone einer geschmacklosen Puritanerpredigt, auf die schönsten Ansichten vom Wesen des Nationalreichthums. Der Verfasser tadelt alle Diejenigen, welche eine Kolonie ohne Gold- und Silbergruben verachten, nicht bloss vom sittlichen Standpunkte aus; nicht bloss darum, weil das spanische Eisen den Indianern und das englische Eisen den Spaniern ihr Gold und Silber zu rauben vermocht: sondern namentlich auch in wirthschaftlicher Beziehung. «Wer hat dem Golde und Silber ein Monopol des Reichthums gegeben? Fragen wir nur den weisesten Rathgeber! Kanaan, Abrahams Verheissung, Israels Erbschaft, Abbild des Himmels und Freude der Erde: welches waren seine

36

Reichthümer? Waren es nicht die Trauben von Eschkol, der Balsam von Gilead, der nahe Cedernwald des Libanon, das weidenreiche Thal von Jericho, der Thau des Himmels, die Fruchtbarkeit des Bodens, die Milde des Klimas, das Fliessen (nicht von Goldsand, aber) von Milch und Honig (Bedürfnisse und Vergnügungen des Lebens, nicht bodenlose Strudel der Begierde), die bequeme Lage an zwei Meeren, und ähnliche Dinge, wie sie Virginien, nur in vielen Stücken überlegen, besitzt? Welches Goldland hat je auf einer so kleinen Fläche mit seinen natürlichen Vorräthen den hundertsten Theil der Menschen ernährt, welche David dort musterte?..... Das ist das reichste Land, welches die meisten Menschen ernähren kann, da der Mensch ein sterblicher Gott, der beste Theil des besten Landes, das sichtbare Ziel der sichtbaren Welt ist. Welche bemerkenswerthe Gold- und Silberminen hat Frankreich, Belgien, die Lombardei, oder andere der reichsten Theile von Europa? Fragt unsere letzten Reisenden, welche so viel von Spanien sahen, dem minenreichsten Theile Europas im Alterthume und bereichert durch die Minen der neuen Welt, ob ein Engländer einen Spanier zu beneiden braucht, oder spanisches Leben und Glück seinem eigenen vorzuziehen. Ihre alten Minen machten sie zu Knechten Roms und Karthagos, und was ihre Minen und Sinne jetzt thun, überlasse ich Anderen.» Der Verfasser macht darauf aufmerksam, dass Spanien, trotz seiner Gold- und Silberzuflüsse, weniger edles Metall besitzt, als andere europäische Länder; dass seine Circulation grösstentheils mit Kupfer betrieben wird; er behauptet, in England werde mehr spanischer Wein und spanisches Oel verbraucht, als in Spanien selbst. «Die Gold- und Silberquellen der Indianer fliessen nicht für sie selber, sondern in die spanische Cisterne; diese Cisterne aber gleicht der im Londoner Wasserhause, deren Abzugsröhren am Boden immer offen sind, so dass tausend andere Cisternen mehr Wasser enthalten, als sie. Ferner, sind nicht die Minenarbeiter die unglücklichsten Sklaven, ewig angestrengt und den mannichfaltigsten Todesarten ausgesetzt für Andere, indem sie die Schätze der Finsterniss an das Licht bringen und leben (wenn das leben heisst) in den Vorhöfen der Hölle, um Andere vom Himmel träumen zu lassen? Das Paradies enthielt keine Mineralien, und weder Adam, noch Noah, beides Herren der Erde, waren mit Bergwerksarbeit beschäftigt, sondern mit denselben glücklichen Arbeiten, wozu Virginien England einladet, mit Wein-, Garten- und Ackerbau.» Insbesondere wird noch daran erinnert, dass die Seiden-, Baumwoll- und Specereiwaaren des Ostens allen Minenertrag des Westens verschlingen; und dass die furchtbare Entvölkerung Amerikas gerade seinen Metallreichthümern zugeschrieben werden muss. «Schon die Namen, so fährt er fort, *colony* und *plantation* enthalten den Begriff einer vernünftigen Kultur, einer Anpflanzung, bevor die Ernte kann erwartet werden. Auch Spanien hat sich in Amerika vorzugsweise durch die Waaren dieses Landes, welche in seine Magazine strömten, bereichert. Was für Minen werden in Brasilien gebaut, oder auf all den Inseln, wo doch so viele reiche Portugiesen und Spanier wohnen? Ihr Ingwer, Zucker, Tabak, ihre Häute und sonstigen Waaren, gewähren, wie ich dreist zu behaupten wage, der Gesammtheit der spanischen Unterthanen durch die weite Welt einen viel grössern Nutzen, als ihre Minen jetzt oder in der vergangenen Zeit gewährt haben.» — Die Besorgniss vor einer Entvölkerung durch Kolonien widerlegt der Verfasser mit dem Beispiele von Spanien; viel eher seien Massregeln nothwendig, um einer Uebervölkerung vorzubeugen. In der vortrefflichen Schilderung Virginiens und der sich für England daran knüpfenden Aussichten unterscheidet sich unsere Schrift von den früheren nur durch grössere Vollständigkeit, auch durch Reichthum an geschichtlichen und klassischen

38

Reminiscenzen.

Das vorliegende Kapitel würde übrigens unvollständig sein, wenn wir nicht, mindestens mit einigen Worten, des genialen Mittelpunktes aller damaligen britischen Kolonisation, des geistigen Ahnherrn der Vereinigten Staaten, SIR WALTER RALEIGHS (1552 bis 1618), gedächten[38]. Ein Universalgenie ersten Ranges, wie sie die grössere Arbeitstheilung der neueren Jahrhunderte nicht mehr gestattet; dabei von einer Productivität, Frische und Elasticität des Geistes, wie sie überhaupt wenige ihres Gleichen hat: so ist Raleigh, je nachdem die Umstände wechselten, als Admiral, Parlamentsglied und Gelehrter, als Höfling, Ansiedeler und Poet bedeutend geworden. Man könnte Vieles von demjenigen auf ihn übertragen, was Cornelius Nepos in seiner bekannten Charakteristik von Alkibiades sagt. Eine irgend vollständige Schilderung dieses reichen geistigen Lebens würde uns zu weit führen. Ich will desshalb nur etliche Züge mittheilen, wodurch sich das individuelle Bild Raleighs als Nationalökonomen von dem der früher genannten Kolonisatoren unterscheidet.

Da tritt uns denn zunächst die merkwürdige Schrift entgegen: *Observations touching trade and commerce with the Hollander and other nations*[39]. Der Zweck dieser Schrift von nur 23 Octavseiten ist ein ganz praktischer: es sollen die Ursachen der holländischen Handelsgrösse aufgedeckt, und den Engländern gezeigt werden, dass sie dieselben ohne grosse Schwierigkeit nachahmen könnten. Wenn der König die hier empfohlenen Massregeln nur zusammenhängend und zweckmässig ausführen wollte, so würde er in kurzer Frist ein für alle Nachbaren erwünschter Freund oder gefürchteter Feind sein; der englische Handel würde um 3 Millionen Pfund St. jährlich vermehrt werden u. s. w. Was der Verfasser hauptsächlich an den Holländern bewundert, ist die geschickte Art, wie sie auf die Erzeugnisse fremder Länder ihren eigenen Gewerbfleiss und Handel zu begründen verstehen. So wenig Korn sie selbst producieren, so ist ihre Hauptstadt doch das grosse Vorrathshaus, von woher England, Frankreich, Spanien u. s. w. in Theuerungen versorgt werden. Die Holländer selbst haben jederzeit Ueberfluss an Korn, und bereichern sich durch jede fremde Missernte. So besitzt Holland die grösste Fischerei und den bedeutendsten Handel mit Fischen, obwohl diese Fische in den englischen Meeren gefangen werden müssen. Frankreich erzeugt den meisten Wein, Spanien das meiste Salz, die Ostseereiche das meiste Holz; die grössten Vorräthe jedoch und den stärksten Gewinn haben von allen diesen Waaren die Holländer. Die Ursachen dieser grossen und immer noch wachsenden Ueberlegenheit, welche den Welthandel zu monopolisieren drohet, sind ohne Ausnahme in der Thätigkeit der Menschen und Geschicklichkeit der Gesetze begründet. Hierher gehört z. B. die Liberalität, womit sie Fremde in ihr Land und Bürgerrecht aufnehmen; die Handelsfreiheit und Niedrigkeit der Zölle, deren sie geniessen, und wodurch selbst ihr Fiscus keinen Schaden leidet, weil die gewaltige Menge der verzollten Waaren den Gesammtertrag über doppelt so gross macht, als in England; der völlige Steuernachlass und sonstige Vorschub, den sie allen neuen Handelszweigen bewilligen, um dieselben rasch zur Blüthe zu treiben; die eigenthümliche Wohlfeilheit der holländischen Rhederei. Raleigh meint nun, dass England vermittelst einer Nachahmung dieser Massregeln die Holländer bald überflügeln müsse; denn von der Natur sei es ungleich günstiger bedacht. England erzeugt die meisten Waaren selbst, die Holland erst von Anderen kaufen muss. Aber nicht genug, dass die Holländer Englands Fische fangen, so besorgen sie auch den grössten Theil der englischen Ausfuhr nach Russland auf ihren Schiffen; ja, sie färben und appretiren das englische Tuch, das mit wenig Ausnahmen halb roh exportirt wird, anstatt zu Hause vollendet zu werden. Auf alle diese Art entziehen sie den Engländern eine Masse Geld und eine Masse nützlicher Beschäftigung für die niederen Stände. So macht es der Verfasser den englischen Kaufleuten auch zum ernsten Vorwurfe, dass sie im Auslande entweder langen Credit nehmen, oder doch, um nur sofort bezahlt zu werden, sich allerhand Nachtheile gefallen lassen. — Man sieht, es sind lauter Symptome einer noch nicht völlig reifen Kultur, welche hier den Engländern vorgerückt werden. So unbegründet der Tadel als solcher ist, so gerne verzeiht man ihn dem praktisch eifrigen Manne, welchen es wurmt, sein Vaterland hinter anderen Ländern zurück zu sehen. Als Mittel nun, welche der Staat in dieser Hinsicht ergreifen sollte, werden besonders folgende angegeben: officielle Leitung des Handels durch eine Commission unter einem *State-Merchant*; Verbot der Ausfuhr unfertiger Gewerbsproducte; Gestattung der Kohlenausfuhr, aber nur auf englischen Fahrzeugen; Hebung der Fischerei; endlich Erhöhung des Geldwerthes, wodurch andere Länder drei grosse Vortheile erreicht haben, ihr eigenes Geld zu behalten, fremdes Geld herbeizulocken, und den Preis der ausgeführten Waaren auf Kosten des Auslandes zu steigern[40].

In Bezug auf die Grundlagen der Volkswirthschaft unterscheidet Raleigh drei Klassen. Zuerst Diejenigen, «welche von ihrer Arbeit leben; gleichsam die Fruchtbäume des Landes, welche Gott bereits im V Buche Mosis zu schonen geboten hat. Sie tragen Honig zusammen, und geniessen kaum das Wachs; sie brechen den Boden um mit grosser Arbeit, und geben den besten Theil ihres Korns den Ruhigen und Müssiggängern.» Sodann die Kaufleute, welche vermittelst der See England bereichern, wie jene erste Klasse es ernährt. Endlich die Gentry, «welche weder so tief steht, um von jedem Thiere gebissen, noch so hoch, um von jedem Sturme ergriffen zu werden, und welche die Garnison der guten Ordnung im Reiche bildet»[41]. Man wird in dieser Eintheilung den rohen Keim der spätern Lehre von den drei Productionsfactoren nicht verkennen mögen. — Dass Raleigh die edlen Metalle doch höher zu würdigen scheint, als seine Gefährten in der Kolonisation, ist oben bereits erwähnt. So meint er auch, die weltbedrohende Macht Philipps II werde nicht etwa durch den spanischen Wein- oder Orangenhandel, noch durch irgend eine andere Production des Mutterlandes genährt, sondern durch die Minen Amerikas: «es ist das indische Gold, welches alle Völker Europas gefährdet und beunruhigt; diess kauft die Einsicht, kriecht in die Rathsversammlung, und fesselt die Gesetzlichkeit und Freiheit in den grössten Monarchien Europas»[42]! Indessen ist schwer zu sagen, wieviel in solchen Aussprüchen wirkliche Ueberzeugung des Raleigh gewesen, wieviel blosses Rednermittel, um den Zweck der Expedition nach Guyana zu fördern; zumal strenge Wahrheitsliebe nicht gerade zu den Tugenden unsers Schriftstellers gehört. — Vor Uebervölkerung scheint Raleigh besondere Furcht zu hegen. Seine Ausdrücke erinnern hier geradezu an Malthus; wenn er z. B. sagt: «die

Menge der Menschen ist so gross, dass, wenn sie nicht durch Krieg oder Pestilenz mitunter zu Tausenden weggerafft würden, die Erde mit aller menschlichen Industrie keinen Unterhalt für sie bieten könnte»[43]. So meint er auch, dass Spanien durch seine vielen Kolonien nichts weniger als entvölkert werde, sondern nach wie vor so viele Menschen enthalte, wie darin ernährt werden können. Falls Eduard III sein Ziel erreicht hätte, Frankreich zu erobern, so würde dieses Land jetzt voll Engländer sein, England selbst aber desshalb nicht leerer von Menschen. Die überschüssige Bevölkerung wird in gewöhnlichen Zeiten durch folgende Abzüge vermindert: Hunger und Seuchen, Schwert und Strick; Viele enthalten sich der Ehe aus Mangel an Mitteln, ihre Kinder zu ernähren; Andere werfen ihren Leib an reiche, alte Frauen weg, oder freuen sich aus Armuth über die Unfruchtbarkeit ihrer Weiber. Ganz besonders aber enthält die Vermehrung unsere Geschlechtes einen starken Antrieb zu den täglichen Kriegen, welche die Erde verwüsten; so dass mancher Fürst, der sich wegen Herausziehung des Schwertes mit angeblicher Nothwendigkeit entschuldigt, mehr die Wahrheit spricht, als er selber wohl glaubt. Die grosse Menge von jüngeren Söhnen und Brüdern, von unbeschäftigten Kaufleuten u. s. w. kann einen sonst gesunden Staat wirklich krank machen. Selbst wenn mehr Unterhaltsmittel vorhanden sind, als eigentlich gebraucht werden, so fehlt es doch an Wegen, um eine passende Vertheilung des Gesammtvorrathes unter die Menge der Würdigen herbeizuführen. In solchen Fällen kann ein Land der Ausleerung durch den Krieg bedürfen; der Krieg wirkt hier, wie ein Rhabarbertrank, welcher die Galle aus dem Körper abführt[44]. — Dass Raleigh dem Institute der L e i b e i g e n s c h a f t nicht unbedingt entgegen war, kann Niemand befremden, welcher den Geist jenes Zeitalters kennt. Er hält dafür, dass es eine Menge von Menschen giebt, deren Unfähigkeit, sich selbst zu regieren, sie von Natur Sklaven sein lässt. Darum schreibt er auch der Emancipation der unfreien Landbewohner die übelsten socialen Folgen zu. «Seit unsere Sklaven, die von grossem Nutzen und Dienst waren, frei gemacht sind, ist eine Unzahl von Schurken, Beutelschneidern und ähnlichen Gesellen aufgekommen, Sklaven von Natur, aber nicht dem Gesetze nach»[45]. Wir gedenken hierbei des Umstandes, dass Raleigh zeitlebens eine auffallend geringe Sympathie für die niederen Stände gezeigt, und bei diesen wieder gefunden hat[46]. — Einen desto schönern Eindruck macht es, wenn man den warmen Lobredner der H a n d e l s f r e i h e i t in ihm wahrnimmt. Als im Parliamente die zwangsweise Einführung der Hanfkultur besprochen wurde, da äusserte Raleigh: «Ich liebe es nicht, wenn Menschen gezwungen werden, ihre Grundstücke nach unserm Willen zu benutzen, sondern wünsche vielmehr, dass Jedem freigelassen wird, seinen Grund und Boden zu dem zu gebrauchen, wozu er am besten passt, und hierin seiner eigenen Discretion zu folgen.» Bei einer andern Gelegenheit, wo es sich um die Zurücknahme des berühmten *Statute of tillage* handelte, erklärte Raleigh, «dass die Niederländer, welche nie Korn säen, durch ihre Industrie solche Fülle von Getreide besitzen, um selbst anderen Völkern damit zu dienen; und dass es die beste Politik ist, den Ackerbau in Freiheit zu setzen, und Jedermann darin freie Hand zu lassen, wie es der Wunsch eines wahren Engländers ist»[47]. Als eine passende Folie zu diesen grossartigen Aussprüchen führe ich die französischen Gesetze von 1577 und 1585 an, worin aller Handel und Gewerbfleiss für *droit domanial* erklärt worden waren[48].

IV.
Bacon von Verulam.

Von ganz besonderem Interesse muss es für unsern Zweck sein, die nationalökonomischen Ansichten des FRANCIS BACON VON VERULAM kennen zu lernen. Bei der ebenso vorurtheilsfreien, wie grossartigen Vielseitigkeit dieses Mannes, welcher ernstlich bemühet war, das ganze Gebiet menschlichen Wissens klar zu beherrschen und durch sichere Beobachtungen zu erweitern, lässt sich schon erwarten, dass nichts von Demjenigen, was die Zeitgenossen als Wissenschaft auffassten, seinem Gesichtskreise völlig fremd geblieben. Hier war denn freilich der Nationalökonomie nur ein sehr bescheidenes Plätzchen eingeräumt.

In der berühmten encyklopädischen Uebersicht aller Wissenschaften, welche die Schrift *De dignitate et augmentis scientiarum*[49] enthält, wird die O e k o n o m i e e i n e U n t e r a b t h e i l u n g d e r P o l i t i k genannt, ähnlich wie die Familie ein Theil des Staates sei (VIII, 3.). Jedoch wird leider von dieser ganzen Lehre nur ein einziger Abschnitt ausführlicher behandelt: die Frage nämlich, wie der Staat erweitert werden könne. Aber schon hier zeigt sich aufs Deutlichste, wie wenig Bacon zu den gewöhnlich s. g. Mercantilisten gehört. Er polemisiert u. A. mit grossem Eifer gegen den oft gepredigten Satz, als wenn das Geld der Nerve des Kriegs wäre. Mit Recht habe Solon dem reichthumsstolzen Krösos geweissagt, wenn Jemand komme, der ihm überlegen sei an Führung des Eisens, so werde dem auch alsbald sein Gold gehören. Und anderswo (VIII, 2) stimmt er dem Machiavelli bei, welcher die Nerven tapferer Männer für die wahren Kriegsnerven erklärt hatte.

Das Erste für Bacon ist die *emendatio animi*; dann kommen die *opes et pecunia*; endlich die *fama*. Desshalb bezeichnet er als wirthschaftliche Bedingungen eines mächtigen Reiches besonders folgende drei: eine mässige und willig ertragene Steuerlast; einen tüchtigen Bauernstand nebst einem wenig zahlreichen Adel; endlich dass sich das Volk nicht allzu sehr mit sitzenden Gewerben beschäftige, die mehr der Finger, als des Armes bedürfen (VIII, 3.)[50].

Diese Ansichten finden ihre Ergänzung in derselben Schrift III, 5. Bekanntlich hat Bacon eine Menge Vorschläge gemacht, um Lücken im bisherigen Systeme der Wissenschaft durch neue Disciplinen auszufüllen, wovon Literaturgeschichte und vergleichende Anatomie die gelungensten Beispiele bilden. Da empfiehlt er nun u. A. ein *inventarium opum humanarum*, worin alle Güter des menschlichen Geschlechts, die Natur-, wie die Kunstproducte, verzeichnet würden; auch die früher bekannten, jetzt aber verloren gegangenen: vornehmlich in der Absicht, um erfinderische Köpfe zu leiten, und ein fruchtloses Abmühen derselben an schon gelösten Problemen zu verhüten. Hier müssten auch die erwünschten, aber noch für unmöglich gehaltenen Dinge zur Schärfung der Aufmerksamkeit erwähnt werden. Sodann ferner einen *catalogus experimentorum maxime polychrestorum* zu demselben Zwecke. Dieser zweite Vorschlag ist von Bacon selbst in seiner *Sylva sylvarum s. historia naturalis* einigermassen verwirklicht, wo namentlich die fünfte und sechste Centurie viele schöne agronomische Versuche enthalten. Hierher gehört auch die Forderung einer Geschichte aller Zweige der Landwirthschaft, des Gewerbfleisses u.s.w.[51], welche die *Parasceue ad historiam naturalem et experimentalem* aufstellt; überall aus dem Gesichtspunkte, «dass es ihm nicht sowohl auf die mechanischen Künste selbst, sondern nur darauf ankomme, was sie zur Förderung der Wissenschaft beitrügen.» — Alles dergleichen musste Bacon um so mehr interessieren, als er bekanntlich der Vater des Experimentierens ist, welches jene Gewerbe, selbst ohne wissenschaftlichen Zweck, beständig ausüben. Auch pflegt er die menschliche Kunst der Natur nicht entgegenzusetzen, sondern nennt sie nur ein *additamentum naturae*. Ich gedenke des berühmten Ausspruches, der so manche unfruchtbare Streitigkeit der Nationalökonomen hätte abschneiden sollen, «dass die menschliche Arbeit nichts weiter kann, als die Naturkörper zu oder von einander bewegen, alles Uebrige hernach die Natur im Innern selbst vollzieht»[52]. In diesem Sinne meint er anderswo, *Plinius historiam naturalem pro dignitate complexus est, sed complexam indignissime tractavit*[53].

Die Aufsätze *De divitiis* und *De sumtibus*[54] sind, wie die meisten Schriften Bacons, reich an s. g. G e m e i n p l ä t z e n, denen man es aber deutlich genug ansieht, dass sie von ihm selbst und aus einer Menge eigener Erfahrungen abgezogen worden. Sie tragen desshalb, statt der gewöhnlichen Leerheit solcher Sätze, den Charakter grosser Fülle an sich: es sind Worte, um mit Pindar zu reden, welche die Zunge mit der Musen Gunst aus den Tiefen der Seele geschöpft hat. Bacon ist ebenso frei von eiteler Ueberschätzung des Reichthums, wie von mönchischer, meist verdächtiger Geringschätzung desselben. Der Reichthum verhalte sich zur Tugend, wie das Gepäck zu einem Heere. Als Mittel des Reichwerdens bezeichnet Bacon folgende zehn: Sparsamkeit, Ackerbau, Gewerbfleiss, Handel, Gesellschaften, Zinswucher, neue Erfindungen, Monopolien, Dienst des Königs oder der Grossen, Erbschleicherei. Freilich eine sehr unlogische Zusammenstellung, und ohne alle Rücksicht auf das Ganze der Volkswirthschaft, aber mit viel guten Bemerkungen durchflochten aus dem Gesichtspunkte der individuellen Klugheits- und Sittenlehre. So wird die

Langsamkeit des Ackerbaugewinns hervorgehoben; die vielen sittlichen Gefahren des Handels; dass Grösse und Sicherheit des Gewinns schwer zu vereinigende Begriffe sind; dass die ersten Schritte der Bereicherung sehr viel langsamer gehen, als die folgenden u. s. w. Diese einzelnen ethisch-psychologischen Bemerkungen verhalten sich zu den Werken von Ad. Smith und Ricardo ganz ähnlich, wie die bekannten Aussprüche der sieben Weisen zu den politischen Systemen eines Platon und Aristoteles. Man darf nicht vergessen, dass sich die Nationalökonomie fast allenthalben aus einer bloss cameralistischen Betrachtung der Haus- und Regierungswirthschaft mühselig genug hat entwickeln müssen.

Indessen fehlt es dem Bacon doch keineswegs an allen v o l k s w i r t h s c h a f t l i c h e n   I d e e n. So findet sich schon bei ihm die im 17. Jahrhundert gewöhnliche Ansicht, als wenn Vermehrung des Volksvermögens nur durch Gewinn im auswärtigen Handel erfolgen könnte. Hierbei unterscheidet er nun zwar genau den Rohstoff, die Verarbeitung und den Transport der Waaren; ist aber von klarer Einsicht in das Wesen der Güterproduction noch so weit entfernt, dass er schlechthin meint: *quicquid alicubi adiicitur, alibi detrahitur*[55]. — Was die Vertheilung der Güter betrifft, so ist es ein Lieblingsgegenstand des Bacon, wider die allzustarke Anhäufung in derselben Hand zu eifern. Kolossale Erbschaften, meint er, sind in der Regel dem Erben selbst nachtheilig. (*Sermones Cap. 34.*) Wo alles Vermögen wenigen Ueberreichen gehört, da kann der Staat mitten unter Schätzen Hungers sterben. Das Geld muss, wie der Dünger, über das Land zerstreuet werden, um es zu befruchten. Desswegen verlangt Bacon, dass Zinswucher, Monopolien, Umwandelung grosser Güter in Weideland mindestens beschränkt werden. (*Sermones Cap. 15. 39.*) So war z. B. 4 u. 5 *Henry VII* ein Gesetz gegeben, welches die ungeschmälerte Erhaltung aller Bauerhöfe von 20 Acres und darüber anbefahl. Unser Bacon ist entzückt von diesem Gesetze[56]. — Hinsichtlich der Consumtion billigt er, wie die meisten Zeitgenossen, Luxusverbote[57]; jedoch ohne sich detaillierter darüber auszulassen. (*Sermones Cap. 15.*) Ganz besonders aber verwirft er jede grosse Zahl von Adeligen, Geistlichen, Literaten u. s. w., deren vorzugsweise ausgebildete Consumtion den Staat zu verarmen drohe[58].

Von einzelnen Punkten muss ich besonders die Lehre vom Z i n s w u c h e r (*Sermones Cap. 39*) erwähnen. Hier ist Bacon dem Salmasius, welcher gewöhnlich für den ersten wissenschaftlichen Vertheidiger des Kapitalzinses gilt, um mehr als ein Menschenalter[59] zuvorgekommen. Zwar hatte schon Heinrich VIII im Jahre 1546 das frühere Gesetz, welches allen Unterthanen (mit Ausnahme der Fremden) das Zinsnehmen unbedingt verbot, aufgehoben, und nur ein Maximum von 10 Procent statt dessen eingeführt. Unter dem Reformationskönige Eduard VI war das Zinsenverbot, dem Buchstaben des alten Testamentes gemäss, wiederhergestellt (*5 et 6 Edward VI, Cap. 20*); indessen nur bis 1571, wo es für immer erlosch. Selbst die Sprache des Volks hatte diess anerkannt, indem seit[60] 1571 das Wort *usury*, welches vordem jedwedes Zinsnehmen bedeutete, in der Regel nur von zu hohem Zinse gebraucht wird. Wie wenig gründlich indessen die Vorurtheile gegen das Zinsrecht beseitigt waren, zeigt aufs Deutlichste der grosse Zeitgenosse Bacons, William Shakespeare, im Kaufmann von Venedig. Bacon selber ist nicht ganz davon frei. Unter den Vorwürfen, die jener Zeit gegen das Zinsnehmen geschleudert wurden, scheinen folgende zwei nicht ohne Eindruck auf ihn geblieben zu sein: dass der Zinsgläubiger selbst am Sabbath arbeiten lasse, und dass er das früheste Gebot verletze, im Schweisse des eigenen Angesichtes sein Brot zu essen[61]. Trotzdem erklärt er den Zins für erlaubt,

50

um der menschlichen Herzenshärtigkeit willen; weil Darlehen schlechterdings nothwendig sind, ohne Zins aber schwerlich erfolgen würden. Hierauf stellt er die Vortheile und Nachtheile des Zinsgeschäftes einander gegenüber: unter diesen z. B., dass viele Menschen durch den Reiz eines müssigen Rentenierlebens vom eigenen Handelsbetriebe abgehalten, die Güterpreise durch den Zins erniedrigt, alle Reichthümer in weniger Händen concentriert würden; doch wird alles Dergleichen durch die handgreifliche Nothwendigkeit der Darlehen überwogen. Ein wirkliches Verbot der Zinsen wäre desshalb ungereimt, «nach Utopien gehörig.» Im höchsten Grade fruchtbar ist die weitere Entwickelung, in welcher Bacon einen zwiefachen gesetzlichen Zinsfuss begehrt. Einen niedrigern, von etwa 5 Procent, für Jedermann: wobei sich die Grundbesitzer, die gegenwärtig in ihrer Rente 6 Procent des Kaufschillings beziehen, sehr gut stehen, die müssigen Renteniere zur Thätigkeit angespornt sein würden u. s. w. Sodann einen höhern, von etwa 8 Procent, welcher ausnahmsweise, unter Aufsicht des Staates und nur in Handelsstädten, für Darlehen an Kaufleute gestattet werden mag. Bacon bemerkt sehr richtig, dass der Handel nicht bloss für jenen niedrigen Zinsfuss allzu wenig Vertrauen geniesse; sondern es könnten auch die Kaufleute wegen ihres eigenen höhern Gewinnes einen höhern Zins ertragen. Also eine Ahnung wenigstens von der wirklichen Productivität des Kapitals, wie sie Galiani mehr als vier Menschenalter nachher kaum viel klarer hatte[62]!

Wie beim Zinsfusse, so scheint dem Bacon auch in anderen Fällen eine obrigkeitliche Preisbestimmung nöthig zu sein. (*Sermones Cap. 15.*) Er schätzt überall die gesetzgeberische Thätigkeit Heinrichs VII sehr hoch (*Historia Henrici VII, p. 1037*); und so lobt er namentlich auch das Gesetz über die Tuchpreise: 4 u. 5 *Henry VII.* Diess glich in gewisser Hinsicht dem Vorschlage Bacons wegen des gesetzlichen Zinsfusses; insbesondere waren darin für die groben und feinen Tuchsorten verschiedene Preise festgestellt. (*L. c. p. 1040.*)

In demselben Jahre hatte Heinrich VII ein Gesetz veranlasst, worin die E i n f u h r von Waid und Wein aus dem südlichen Frankreich auf anderen als englischen Schiffen u n t e r s a g t wurde. Diess ist zwar nicht, wie Bacon zu glauben scheint, das erste Glied jener Kette, welche schliesslich zur Navigations-Acte hinführen sollte; denn schon 5 *Richard II Cap. 3* hatte Aehnliches verordnet. Wohl aber hat Niemand den Zweck solcher Massregeln, politischen Vortheil durch wirthschaftliche Opfer zu erkaufen, besser charakterisiert, als Bacon (*L. c. p. 1039*): *Inflectens paulatim politiam regni Angliae ab intuitu ubertatis et utilitatis rerum venalium ad intuitum potentiae militaris. Antiqua enim statuta fere omnia mercatores exteros invitant, ut merces omnigenas in regnum Angliae important; pro fine habentia vilitatem et copiam earundem mercium, neutiquam respicientia ad rationes politicas, circa regni potentiam navalem.* — Ebenso wenig abgeneigt war Bacon einer verständigen Erziehung des Gewerbfleisses durch Staatsgesetze; obwohl sich die Scheingründe, welche der s. g. Mercantilismus dafür benutzt, nirgends bei ihm nachweisen lassen. Er lobt ein Gesetz (19 *Henry VII*), worin die Einfuhr aller derjenigen Seidenwaaren verboten wurde, deren Verfertigung man damals schon in England verstand. Diess Gesetz habe sich auf die wahre Regel gestützt, dass man die Einfuhr überflüssiger Fremdwaaren verhindern müsse; hierdurch werde entweder die einheimische Industrie gefördert, oder aber der Verbrauch von Ueberflüssigkeiten gehemmt. (*L. c. p. 1115.*) — Ein Vergötterer des Gewerbfleisses ist Bacon übrigens nicht. In jugendlichen Staaten, sagt er, blühen die Waffen, in gereiften die Literatur, im sinkenden Alter die Gewerbe und der Handel[63].

Als die Krone aller volkswirthschaftlichen Ansichten Bacons müssen seine Betrachtungen *De plantationibus populorum* gelten. (*Sermones Cap. 33.*) Er traf hier mit einem grossen praktischen Interesse zusammen, dem einzigen jener Zeit, welches von der Regierung Jacobs I nicht bekämpft wurde. Damals war plötzlich an die Stelle romantischer Kriegsthätigkeit eine tiefe, träge Friedensruhe getreten, wodurch eine Menge abenteuerlicher Kräfte sich fast gezwungen sahen, wenigstens in den friedlicheren Abenteuern der Kolonialgründung Ersatz zu suchen. Wie die gescheiterten praktischen Versuche eines Raleigh, Carleill u. s. w. seit 1606 zuerst in Virginien glücklichere Nachfolger fanden, so kann Bacon als der Vollender Desjenigen betrachtet werden, was die früher erwähnten Kolonialtheoretiker des 16. Jahrhunderts begonnen hatten. Dass auch er noch grosse Besorgnisse vor Uebervölkerung hatte, bezeugt die Schrift *Cogitata de coloniis in Hiberniam deducendis*, sowie *Sermones fideles Cap. 15.* — Die ganze K o l o n i a l t h e o r i e des Bacon steht im schärfsten Gegensatze zu dem Verfahren der Spanier. Nur auf reinem Boden will er Kolonien gegründet wissen, nicht auf solchem, der erst durch Vertilgung der früheren Bewohner leer geworden ist. Er warnt davor, dass man doch ja nicht zu früh eigentliche Früchte der Kolonie erwarten solle; kurzsichtige Habgier sei das Verderben selbst hoffnungsvoller Kolonien; wie bei neugepflanzten Forsten, dürfe man auch hier vor dem zwanzigsten Jahre keine Nutzung begehren. Aus diesem Grunde hält es Bacon für besser, wenn Edelleute, als wenn Kaufleute des Mutterlandes an der Spitze der ganzen Unternehmung stehen. Er widerräth die Ansiedelung von Verbrechern, welche den Keim der Kolonie vergiften. Dagegen empfiehlt er vor Allem solche Auswanderer, welche den gröbsten und nothwendigsten Arbeiten gewachsen sind, wie Pflüger, Gärtner, Schmiede, Zimmerleute u. s. w. Ueberhaupt soll

Alles von unten her gründlich aufgebaut werden. So ist z. B. die erste Frage, welche Nahrungsmittel in der Kolonie von selbst wachsen; sodann, welche in Jahresfrist künstlich produciert werden können; bis dahin muss für Zwieback, Mehl u. s. w. vom Mutterlande aus gesorgt werden. Hinsichtlich der Viehgattungen kommt es zunächst auf solche an, die am freiesten von Krankheiten und am fruchtbarsten sind. Am meisten jedoch ist auf Fischfang zu rechnen, sowohl der Nahrung, wie der Ausfuhr halber. Was überhaupt die Ausfuhr betrifft, so warnt Bacon zwar vor jedem unmässigen Speculationsbaue; dagegen empfiehlt er einen mässigen Anbau von Tabak, Baumwolle u. s. w., mehr noch, wegen des Ueberflusses an Urwäldern, die Ausfuhr von Bauholz, Pech u. s. w. Sehr charakteristisch ist seine Abneigung wider den Bergbau, dessen gefährliches, lotterieartiges Wesen die Kolonisten unwirthschaftlich mache. Diess sticht um so schärfer von der spanischen Weise ab, als Bacon die Gewinnung und Verarbeitung des Eisens ausdrücklich empfiehlt. Die Verwaltung der Kolonie will er Einer Person, und zwar mit einer Art kriegsrechtlicher Auctorität, übertragen wissen; im Mutterlande soll die Aufsichtsbehörde nicht allzu zahlreich sein. Ausser Steuerfreiheiten, so lange die Kolonie noch unreif ist, muss auch vollständige Handelsfreiheit Regel bleiben. Gegen die Ureinwohner ist strenge Gerechtigkeit die beste Politik; ausserdem soll man Einzelne von ihnen ins Mutterland schicken, und dort zu Kulturaposteln für ihre Volksgenossen auszubilden suchen. — Man erkennt hierin deutlich, wie in einem Spiegel, die wichtigsten Eigenthümlichkeiten, wodurch sich die praktischen Kolonisationsversuche der Engländer seit 1606 auszeichneten. Aber freilich, auch die Fehlgriffe derselben sind zum Theil in Bacons Theorie übergegangen. So z. B. die halbe Gütergemeinschaft, welche in Virginien, wie in Neuengland den ersten Aufschwung so sehr hemmte[64].

Bacon räth, den grössten Theil des Acker- und Gartenlandes öffentlichen Speichern anzuweisen, deren Inhalt sodann planmässig, wie in einer belagerten Stadt, vertheilt werden müsse. Ein merkwürdiges Corollar zum Vorstehenden bildet der Plan einer Kolonisation von Ireland, welchen Bacon im Jahre 1606 König Jacob I überreichte[65]. Hier sind besonders folgende Nova enthalten: es wird davor gewarnt, die Ansiedelung durch Arme zu bewerkstelligen; es wird die Beihülfe des Parlamentes zum Bau der Kirchen, Strassen, Stadtmauern und anderen öffentlichen Gebäude verlangt, und endlich dringend gerathen, die allzu grosse Zerstreuung der Ansiedeler zu vermeiden.

V.
Die Anfänge des englischen Welthandels.

Vom Leben des THOMAS MUN ist nur so viel gewiss, dass er ein ausgezeichneter Kaufmann war[66], der schon 1623 im Rufe grosser Erfahrung stand[67], 1628 eine Bittschrift der ostindischen Compagnie ans Parliament ausarbeitete[68], 1630 vom Grossherzoge von Toscana Darlehen zu Handelszwecken erhielt[69], 1664 aber, als sein Hauptwerk von seinem Sohne herausgegeben wurde, bereits nicht mehr lebte.

Seine früheste Schrift: *A discourse of trade from England unto the East-Indies, answering to diverse objections, which are usually made against the same. By T. M.* soll schon 1609 erschienen sein; dass sie 1621 in London wieder gedruckt wurde, ist unzweifelhaft. Sie hat die Tendenz, den englisch-ostindischen Handel als vortheilhaft nachzuweisen, obgleich er von England aus vornehmlich durch edle Metallsendungen betrieben werden musste[70]. — Bei Weitem vollständiger und systematischer sind Muns Ansichten in dem posthumen Werke vorgetragen: *Englands treasure by forraign trade, or the balance of our forraign trade is the rule of our treasure. Written by T h o m a s   M u n of London, merchant, and now published for the common good by his son, J o h n   M u n of Bearsted. (London 1664. 8.)* Das Buch, welches der Herausgeber für den edelsten Theil seiner Erbschaft erklärt, ist dem ehrwürdigen Grafen von Southampton, damaligen ersten Lord des Schatzes, gewidmet.

Die Einleitung (*Ch. 1.*) giebt eine beinah enthusiastische Beschreibung der Eigenschaften, welche zum guten Kaufmanne gehören. Ein solcher sei in Wahrheit der *steward of the kingdoms store.* Der weitere Inhalt des Buches lässt sich mit wenig Ausnahmen in zwei Rubriken scheiden: nämlich theoretische Betrachtungen über das Wesen der Handelsbilanz[71], und praktische Vorschläge, dieselbe für England günstiger zu gestalten. — Baares Geld und Vermögen (*treasure*) gelten dem Mun durchaus für gleichbedeutend (*Ch. 2.*). Eben desshalb sollte Luxus nur mit einheimischen Waaren getrieben werden; da gewinnt der Arme, was der Reiche verliert. Dem Auslande ist möglichst viel abzuverdienen, während man selber ihm möglichst wenig zu verdienen giebt. Daher wird der active Betrieb des Seehandels, der Zwischenhandel, der directe Handel mit fernen Ländern auf das Wärmste empfohlen; ebenso Fabriken u. s. w., weil Tuch und Eisenwaaren soviel mehr werth sind, als Wolle und Erz. (*Ch. 3.*) Gleichwohl bezweifelt der Verfasser nicht, dass unter Umständen die Waareneinfuhr und Geldausfuhr sehr nützlich sein können. So habe z. B. der Grossherzog von Toscana ihm selbst und anderen Kaufleuten Geld geliehen, obschon er recht wohl gewusst, dass sie diess benutzen würden, um dafür Waaren aus der Levante u. s. w. kommen zu lassen. Es bringt aber dergleichen, zweckmässig geleitet, *a duck in his mouth* zurück, wie das Sprüchwort sagt; und Livorno u. A. ist dadurch aus einem elenden Oertchen eine grosse Handelsstadt geworden. Man darf den Geldexporteur, welcher reexportable Waaren dafür zurückbringt, mit dem Säemanne vergleichen. Denjenigen, die Waaren besitzen, kann es nicht an Gelde fehlen. Es ist gar nicht einmal wünschenswerth, sehr viel Geld im Lande zu haben; das vertheuert nur die Waaren, und erschwert folglich deren Ausfuhr. Die Italiener pflegen das baare Geld durch Wechsel, Banken u. s. w. zu ersetzen, und nutzen es selbst alsdann im Auslande. (*Ch. 4.*) Aus diesem Grunde tadelt Mun die alten englischen Gesetze, wonach, wer Korn, Fische u. s. w. ausführte, Geld wieder heimbringen, und wer fremde Waaren einführte, mit englischen Waaren bezahlen sollte[72]. Nur der wirkliche Ueberschuss der Ausfuhr über die Selbstconsumtion kann das Volk bereichern. (*Ch. 15.*) Im Allgemeinen ist Mun gegen alle Zwangsgesetze, welche den Handel leiten sollen. (*Ch. 10 ff.*) — Je wichtiger ihm die Handelsbilanz erscheint, desto sorgfältiger natürlich verfährt er bei der Berechnung derselben. Daher z. B. auch solche Posten, wie Schiffbrüche, Jesuitensteuern u. s. w. nicht übersehen werden dürfen; daher zum Werthe der Exporten, wenn die Ausfuhr auf englischen Schiffen erfolgt, 25 Procent als Frachtverdienst zugerechnet, vom Werthe der Importen, unter gleicher Voraussetzung, 25 Procent abgerechnet werden müssen. (*Ch. 20.*) Uebrigens sind bei jeder Handelsbilanz drei betheiligte Personen zu unterscheiden: der Kaufmann kann verlieren, wenn das Volk im Ganzen gewinnt, und umgekehrt; der König mit seinen Zöllen gewinnt dabei immer (*Ch. 7.*) — Die Vorbilder, welche Mun seinen Landsleuten zur Nacheiferung anempfiehlt, sind immer Holland, Venedig, Genua, Toscana: freilich die nationalökonomisch höchst entwickelten Länder seiner Zeit. Ganz vortrefflich stellt er die Gegensätze des natürlichen und künstlichen Reichthums auf, wo denn z. B. England und die Türkei zur ersten, Holland und Italien zur zweiten Kategorie gehören. (*Ch. 19.*) So hoch er übrigens die Holländer achtet, so wenig ist er ihnen Freund. (*Ch. 3.*) Hollands Grösse beruhet wesentlich auf seiner Fischerei in den englischen Meeren, und schadet den Engländern gar sehr viel mehr, als die Nebenbuhlerschaft Frankreichs oder Spaniens. (*Ch. 19.*) Wie es komme, dass Spanien den amerikanischen Gold- und Silberregen so wenig nutzbar festhalten kann, wird aus seiner Productenarmuth und seinen zahlreichen Kriegen erklärt. (*Ch. 6.*) Jede Verschlechterung oder nominelle Erhöhung der Münzen, mag sie nun zur Füllung der Staatskasse erfolgt sein, oder um das Geld mehr im Lande zu halten, wird von Mun gemissbilligt[73]. (*Ch. 8.*) Das Nehmen hoher Zinsen (*usury*) hält er dem Handel nicht für nachtheilig. (*Ch. 15.*) Hohe Steuern dagegen werden nur wegen Kriegsgefahr gebilligt; der Aemterverkauf als Finanzmassregel unbedingt getadelt. (*Ch. 16.*) Für Staatsschätze ist Mun sehr (*Ch. 17*); doch soll in keinem Jahre mehr aufgehäuft werden, als das Volk durch seine Handelsbilanz gewonnen hat. (*Ch. 18.*)

VI.
Die englische Revolution.

Von den Schriftstellern des grossen Revolutionskampfes wollen wir, mit Beiseitelassung alles rein Politischen, nur zwei näher hervorheben: THOMAS HOBBES und JAMES HARRINGTON.

Bei aller äusserlichen Achtung, welche H o b b e s (1588–1679) der heiligen Schrift bezeigt, ist sein philosophisches System doch wesentlich M a t e r i a l i s m u s. Seine Erkenntnisstheorie stimmt der Hauptsache nach mit der Lehre des alten Epikur zusammen. Indessen war Hobbes jedenfalls ein Mann von Geist und rücksichtsloser Consequenz des Denkens. Man wird diess u. A. in der durchgeführten Parallele zwischen Staat und Individuum, welche der Leviathan enthält, nicht verkennen. Der Staat selber ist gleichsam ein künstlicher Mensch, in welchem das Staatsoberhaupt die Seele bildet. Die Beamten entsprechen den Gliedern, die Räthe insbesondere dem Gedächtnisse, die Gesandten den Augen, die Polizeibeamten den Händen. Die Belohnungen und Strafen werden mit den Nerven verglichen, die Reichthümer des Volkes mit der körperlichen Stärke, das Volkswohl mit dem Berufe, die Kolonisation mit der Kinderzeugung. So ist Gesetz und Recht die Vernunft des Staates, die Eintracht der Bürger seine Gesundheit, der Aufruhr die Krankheit, der Bürgerkrieg der Tod des Staates[74]. — Durch Bacon in seiner Jugendbildung influiert, mit Galilei und Gassendi befreundet, ein tüchtiger Mathematiker und Physiker selbst, war Hobbes durch das Studium dieser Wissenschaften an exacte Beobachtung gewöhnt; so wie er denn gegen die systematischen Philosophen seiner Zeit gar häufig eine lebhafte

Geringschätzung äussert. — Nun ist freilich eine tiefere Einsicht in die menschliche und historische Gesammtheit der Volkswirthschaft mit dem Materialismus unvereinbar. Allein in denjenigen Theilen der Nationalökonomie, welche der Mathematik zunächst liegen, welche sich zum Ganzen etwa so verhalten, wie die Anatomie zur Anthropologie, oder die trigonometrische Aufnahme eines Landes zur Erdkunde: hier wird der geistvolle, scharf beobachtende Materialist immerhin tüchtige Vorarbeiten machen können. Und solche Vorarbeiten auf den abstracteren Gebieten unserer Wissenschaft sind dem Hobbes allerdings nachzurühmen.

Man vergleiche nur das 24 Kapitel des Leviathan und das 13 Kapitel der Schrift *De cive*[75]. Das Erste, was uns hier entgegentritt, ist eine schöne E i n t h e i l u n g   d e s   v o l k s w i r t h s c h a f t l i c h e n   L e h r s t o f f e s, wie denn überhaupt elegante Eintheilungen zu den grössten Vorzügen des Hobbes gehören. «Die Ernährung des Staates hängt von der Menge der zum Leben nothwendigen Sachen ab, von ihrer Vertheilung und von ihrer Vorbereitung und Anwendung zum öffentlichen Gebrauch.»(*L. 24.*) Offenbar ganz ähnlich, als wenn wir seit J. B. Say die politische Oekonomie in die Lehre von der Production, Vertheilung und Consumtion der Güter eintheilen. — «Die Menge jener Sachen, also der Stoff der Ernährung, ist von der Natur selbst begränzt; und besteht aus den Früchten, ausgehend von den Brüsten unserer gemeinsamen Mutter, Land und Meer, welche Gott dem menschlichen Geschlechte entweder frei schenkt, oder nur für A r b e i t verkauft. Es hängt die Menge der nothwendigen Dinge, nächst der göttlichen Güte, allein von dem Fleisse und der Arbeit der Menschen ab.»(*L. 24.*) Anderswo heisst es: «zur Bereicherung der Bürger sind zwei Dinge nothwendig, Arbeit und Sparsamkeit; nützlich ein drittes, nämlich der natürliche

Ertrag des Landes und Wassers. Ein viertes, der Krieg, vermehrt zuweilen das Vermögen der Bürger, öfter jedoch vermindert er dasselbe. Die beiden ersten Dinge allein sind nothwendig. Denn es kann ein Staat, welcher auf einer Insel liegt, nicht grösser, als der Wohnungsplatz erfordert, ohne Saat, ohne Fischfang, bloss durch Handel und Gewerbe reich werden.» Bald nachher wird ausdrücklich wiederholt, der Krieg sei in wirthschaftlicher Beziehung eine Art Würfelspiel, wodurch die Meisten arm, sehr Wenige reich werden. Es drehe sich desshalb die ganze wirthschaftliche Gesetzgebung um die drei Punkte: *proventus terrae et aquae, labor et parsimonia*. (C. XIII, 14.) Also wesentlich die Ricardo'sche Ansicht im Keime! *Parsimonia* ist, was wir Kapital nennen, das aufgesparte Resultat früherer Arbeiten; die Arbeit steht im Vordergrunde, der Boden tritt für den Theoretiker sehr zurück. — Weiterhin werden die Naturproducte in *nativa* und *externa* getheilt. Da nun übrigens wohl kein Staatsgebiet alles Nothwendige und nichts Ueberflüssiges hervorbringt, so entsteht der Tausch, welcher die überflüssigen *nativa* nicht länger überflüssig sein lässt, sondern mit ihnen, durch Einfuhr von *externis*, den Mangel der *nativa* deckt. Hobbes bemerkt hier sehr richtig, dass auch menschliche Arbeiten, nicht weniger als andere Sachen, gegen Güter aller Art vertauscht werden können. (*L. 24*.) Ausser dem Tausche, namentlich der Aus- und Einfuhr, wird auch das Eigenthumsrecht von Hobbes unter der Rubrik «Vertheilung der Güter» abgehandelt. — Sehr interessant ist seine Ansicht von der *concoctio bonorum*. Er versteht darunter die Reduction der aufzubewahrenden Güter auf einen gleichen Werth, der aber leichter transportiert werden kann, und somit, ohne bedeutende Schwierigkeit, den Bürger in Stand setzt, an jedwedem Orte von seinem Gelde zu leben. Diesen Dienst, meint Hobbes, kann nur das G o l d - und S i l b e r g e l d verrichten. «Fast über den ganzen Erdkreis werden Gold und Silber nicht nur wegen ihres Stoffes am höchsten geschätzt, sondern sind auch das bequemste Mass der übrigen Güter. Innerhalb eines einzigen Staates würde freilich jeder Stoff, wenn die Obrigkeit ihn gestempelt hat, als Münze zur Messung der Tauschgüter geeignet sein; Gold- und Silbermünzen aber gelten überall. Sie können auch, da sie wegen ihres Stoffes selbst geschätzt sind, nicht durch einen oder wenige Staaten einer Steigerung oder Minderung ihres Preises unterworfen werden. Dagegen lässt sich der Preis eines von schlechterem Stoffe gemachten Geldes leicht erhöhen oder erniedrigen; doch kann dasselbe nicht bewirken, dass die Kräfte des Staates nöthigenfalls über fremde Staaten ausgedehnt werden, draussen Heere bewaffnen und erhalten, wie das Gold- und Silbergeld zu thun vermag. Sondern es muss immer daheim bleiben, bald mit höherer, bald mit niedrigerer Würdigung, mitunter zum Schaden Derer, welche es besitzen.» Das Geld überhaupt nennt Hobbes das Blut des Staates: es durchläuft denselben, und ernährt dabei die einzelnen Bürger, deren Hände es passiert; gerade so, wie das Blut im Körper aus den Nahrungsmitteln entsteht, und die einzelnen Glieder vermittelst seiner Circulation ernährt. Insbesondere entspricht der Staatsschatz dem Herzen, die Einnahme den Venen, die Ausgabe den Arterien. (L. 24.)

Die praktische Richtung des Hobbes ist bekanntlich der allerstrengste A b s o l u t i s m u s. Nicht in dem Sinne, wie man gewöhnlich meint. Denn Hobbes ist zwar lebenslänglich ein eifriger Anhänger der stuartischen Royalistenpartei gewesen; er giebt auch entschieden von den drei grossen Staatsformen der Monarchie den Vorzug (C. 10. L. 19): wissenschaftlich jedoch ist diess für ihn nur von secundärer Wichtigkeit. Ihm ist die Hauptsache, dass die jeweilige Staatsgewalt, mag sie nun monarchisch, aristokratisch oder demokratisch sein, untheilbar und unbeschränkt sein müsse. Denn der natürliche Krieg Aller gegen Alle kann nur dadurch im Staate versöhnt werden, dass jeder Einzelne seine ganze Macht auf dasselbe Individuum oder dieselbe Versammlung überträgt[76].

Die praktische Nationalökonomie des Hobbes entspricht dieser Grundlage. «Alles E i g e n t h u m rührt von der Staatsgewalt her. Denn im Naturstande gehört Alles Allen, es herrscht ewiger Krieg, und jedes Gut ist Dessen, der es geraubt und mit den Waffen behauptet hat. Hier findet also weder Eigenthum, noch Gemeinschaft, sondern Kampf statt. Weil nun die Gründung des Eigenthums ein Werk des Staates ist, so ist sie ein Werk Dessen, welcher im Staate die höchste Gewalt besitzt.» (*L. 24.*) Daher kann Niemand in der Weise Eigenthum haben, dass das höhere Recht des Staatsoberhauptes dadurch ausgeschlossen würde. Immerhin mag zuweilen gegen das letztere processiert werden; es handelt sich dann aber nie darum, was das Staatsoberhaupt mit Recht könne, sondern nur, was es wolle; und ihm selber steht die richterliche Entscheidung zu. (*C. VI, 15.*) *Nam qui dominum habent, dominium non habent. Civitas autem civium omnium domina est. Dominium ergo et proprietas tua tanta est et tamdiu durat, quanta et quamdiu ipsa vult. (C. XII, 7.)* Insbesondere hängt die Vertheilung des Grundes und Bodens in neubebauten oder eroberten Ländern ganz vom Staatsoberhaupte ab. «Diess kann Vieles thun gegen seinen Vortheil, selbst gegen sein eigenes Gewissen, gegen sein gegebenes Wort und gegen die Naturgesetze; dass aber die Bürger desshalb die Waffen ergreifen, ihr Oberhaupt verklagen, oder nur irgend übel von ihm reden dürfen, ist zu leugnen.» (*L. 24.*) — Wenn sich das Staatsoberhaupt bei der Landvertheilung gewisse Grundstücke selbst vorbehält (Domänen!), so darf es doch niemals in der Befriedigung der öffentlichen Bedürfnisse auf diese eingeschränkt werden. Sonst könnte ja eine verschwenderische Regierung den ganzen Staat zu Grunde richten. (*L. 24.*) Das unbeschränkte Recht des Herrschers, S t e u e r n aufzulegen, versteht sich hiermit von selbst. Wie könnte er sonst auch sein unbeschränktes Recht, Soldaten zu halten, geltend machen? (*C. VI, 15. L. 18.*) Die Abgaben sind im Grunde weiter Nichts, als die Bezahlung Derer, welche bewaffnet darüber wachen, dass der Fleiss der Bürger nicht durch feindlichen Angriff gehindert werde. Dessenungeachtet warnt Hobbes ernstlich, die Last der Steuern nicht zu drückend zu machen, weil die Mehrzahl der Menschen in ihrer Thorheit dadurch zum Aufruhr geneigt werde. (*C. XII, 9.*) Denn ihre Armuth schreiben sie alsdann, statt ihrer eigenen Trägheit und Verschwendung, dem Steuerdrucke zu. (*C. XIII, 10.*) Auch hebt er mit Vergnügen hervor, wie in der Monarchie die Abgaben leichter zu sein pflegten, als in der Demokratie. (*C. X, 6.*) Vor Allem kommt es darauf an, die Steuern gleichmässig aufzulegen, weil ungleiche Steuern meist für drückender gelten, als hohe. (*C. XIII, 10.*) Diese Gleichmässigkeit besteht aber in einem gleichen Verhältnisse zwischen Last und Vortheil. Für den persönlichen Schutz, welchen der Staat gewährt, müssen Arme und Reiche gleich viel bezahlen; die Reichen aber assecurieren ausser ihrer Person mehr. Nur fragt es sich, ob man die Steuern nach Massgabe des Erwerbes und Besitzes, oder des Verbrauches auflegen solle. Hobbes entscheidet sich durchaus für das letztere. «Denn es sei nicht billig, Denjenigen, der mit Fleiss und Sparsamkeit seinen Unterhalt erworben hat, schwerer zu belasten, als einen Andern, welcher durch Faulheit und Verschwendung das Seinige durchgebracht, da sie doch beide vom Staate gleichen Schutz genossen haben.» Es sollen also die Steuern nicht auf die Personen gelegt werden, sondern auf die Consumtionsgegenstände. (*L. 30. C. XIII, 11.*)[77]

Weiterhin spricht Hobbes allerdings von Gesetzen, welche

den Verkehr der Unterthanen mit einander leiten; in den Gewerben die Unthätigkeit verbieten, den Fleiss befördern, jeden unmässigen Aufwand verhindern sollen (*C. XIII, 14. L. 24*): doch warnt er dringend, in solcher Bevormundung zu weit zu gehen. Es soll nicht mehr durch die Gesetze befohlen werden, als der wahre Nutzen des Staates und seiner Bürger fordert. (*C. XIII, 15.*) Am meisten bedarf die Aus- und Einfuhr einer solchen Staatsleitung, sowohl was die Gegenstände, als was den Ort des Handels betrifft. «Wenn nämlich ein Jeder in diesem Punkte seinem eigenen Willen folgen dürfte, so würde es nicht an Solchen fehlen, welche aus Eigennutz dem Feinde verkauften, was dem Staate schaden könnte, und einführten, was den Bürgern vielleicht angenehm, aber schädlich oder wenigstens unnütz wäre.» (*L. 24.*) — Die Pflicht des Staates, schuldlos Verarmte mit dem nöthigsten Lebensbedarfe zu versehen, leitet Hobbes daraus ab, weil dieselben sonst *iure naturae* berechtigt sein würden, in äusserster Noth zu stehlen und zu rauben. Arbeitsfähige Armen sollen übrigens zur Arbeit gezwungen werden. Ganz besonders denkt er hier an Auswanderung und Kolonisation; doch mögen die Urbewohner des zu kolonisierenden Landes nicht ausgerottet, sondern nur zu einer Beschränkung ihres Gebietes und zum Ackerbau gezwungen werden. (*L. 30.*)

Unter den Gegnern des Hobbes ragt insbesondere J a m e s H a r r i n g t o n (1611–1677) hervor, der nicht bloss in seiner berühmten Idealrepublik Oceana, sondern auch in seinen übrigen Schriften auf das Lebhafteste gegen den Verfasser des Leviathan polemisiert[78]. Freilich steht er diesem an Geist und systematischer Consequenz, wie an Schärfe der Form gewaltig nach; er ist ihm aber an geschichtlicher Belesenheit unstreitig überlegen. Seine wissenschaftliche Methode beruhet auf Beobachtungen und Vergleichungen; Raisonnements, die aus den Tiefen der Philosophie geschöpft wären, liebt er nicht. Sein praktisches Ziel ist bekanntlich, im schroffsten Gegensatze zu Hobbes Absolutismus, eine anständige, gemässigte Demokratie. Er war durch Cromwells Dictatur nicht mehr befriedigt, als Milton.

Als Mittelpunkt seiner ganzen Theorie kann der Satz gelten, dass die Natur jeder Staatsverfassung von der Vertheilungsweise des Grundbesitzes abhängt. (*Balance of property*.) Wo ein Einziger entweder alles Land, oder doch einen überwiegenden Theil desselben inne hat, etwa drei Viertheile, da finden wir absolute Monarchie, wie z. B. in der Türkei, oder zu Josephs Zeit in Aegypten. Wo der Adel allein, oder Adel und Geistlichkeit zusammen die überwiegenden Grundeigenthümer sind, da besteht eine gemischte Monarchie, wie z. B. in Spanien, bisher auch in England (Oceana). Streng genommen, würde man hier allerdings von Aristokratie reden müssen; die Erfahrung lehrt aber, dass Aristokratien ohne ein monarchisches Haupt in ewigem Kriegszustande leben, weil Jedermann von den Grossen nach der Herrschaft über die Anderen trachtet. Wo endlich das ganze Volk, ohne Uebergewicht Einzelner, den Landbesitz unter sich vertheilt hat, da finden wir Demokratie. Auf denselben Grundgedanken werden auch die Ausartungen der drei Staatsformen zurückgeführt. Tyrannei z. B. ist da, wo ein Einzelner, der keinen überwiegenden Landbesitz hat, gleichwohl die unbeschränkte Herrschaft behauptet. Ist der Landbesitz des Tyrannen, der Oligarchen oder Anarchisten nicht gross genug für eine wahre Herrschaft, aber doch hinreichend, um eine Armee zu erhalten: so tritt der Zustand des Bürgerkrieges ein. Von jenen drei Ausartungen beruhet jede auf einem Widerspruche zwischen Gebäude und Grundlage; doch kann der Widerspruch nie lange dauern, weil sich bald entweder das Gebäude die Grundlage assimilirt, oder aber die Grundlage das Gebäude. Am längsten währt der

Conflict, wenn der Grundbesitz unter die verschiedenen Elemente des Staates gleich vertheilt ist: wenn z. B. der Adel ebenso viel Land hat, wie das Volk. Da muss denn ein Gegner den andern aufzehren, wie es in Athen von Seiten des Volkes dem Adel geschah, in Rom von Seiten des Adels dem Volke. — Was solchergestalt von der «Balance des Grundeigenthums» gilt, das lässt sich auf das Geldeigenthum nur ausnahmsweise übertragen: etwa in Handelsstaaten, wie Holland und Genua, die wenig oder gar kein Land besitzen. Denn übrigens mag der Besitz grosser Geldmassen in der Hand eines Mälius oder Manlius wohl augenblickliche Gefahren hervorrufen; auf die Dauer jedoch hat er zu wenig eigentliche Wurzeln[79]. So konnten weder Indiens Schätze die spanische Macht- und Vermögensbalanz umändern, noch der grosse Schatz, den Heinrich VII. sammelte, die englische; während in dem kleinen Handelsstaate Florenz der Geldreichthum des mediceischen Hauses allerdings einen politischen Umschwung herbeiführte[80].

Das ganze, eben erörterte, Naturgesetz führt Harrington sehr einfach auf die Thatsache zurück, dass alle Macht auf der Fähigkeit beruhet, sich Diener, insbesondere Soldaten zu halten, und dass eine dauernde Fähigkeit dieser Art durch Grundeinkommen bedingt ist[81]. Indem er sich wider Gegner vertheidigt, welche das Wahre in seiner Ansicht für altbekannt erklärt hatten, vergleicht er seine Entdeckung mit der Harvey'schen des Blutumlaufes[82]. Und es lässt sich in der That nicht leugnen, bei aller Einseitigkeit und Grobheit der Harrington'schen Theorie, enthält sie doch einen bedeutenden Versuch, die Volkswirthschaft mit der Politik in wissenschaftlichen Zusammenhang zu bringen. Jede Nationalökonomie hat zwei Hauptseiten, die harmonisch entwickelt werden müssen: eine ethisch-politische und eine materiell-ökonomische. Ebenso sehr nun, wie Hobbes um die letztere, hat sich Harrington um die erstere verdient gemacht.

Seiner Grundansicht gemäss, theilt er alle Revolutionen in zwei Klassen ein: natürliche oder innere, und gewaltsame, von Aussen her erfolgende; je nachdem der Vermögensschwerpunkt durch friedlichen Verkehr, oder durch Eroberung und Confiscation verrückt worden ist. Der letztere Vorgang wieder kann auf monarchische, aristokratische oder demokratische Weise erfolgen, wovon u. A. Mahomet, die Völkerwanderung und die Israeliten in Kanaan charakteristische Beispiele darbieten. Zur ersten Klasse der Revolutionen gehört vor Allen die englische Staatsveränderung, deren tiefsten Grund der Verfasser in den gesetzgeberischen Massnahmen Heinrichs VII. erkennt, die Zerstückelung und Veräusserung der grossen Lehen zu erleichtern, wozu dann später die Secularisationen Heinrichs VIII. kamen. Hierdurch sei die Vermögensbalanz aus einer aristokratischen eine demokratische geworden. Das Hauptmittel gegen solche Revolutionen sind immer A g r a r g e s e t z e, welche die bestehende Balanz auf eine unveränderliche Weise fixiren. Hernach erst mag die Ausführung des Staatsgebäudes in einem, der Grundlage entsprechenden, Stile erfolgen[83]. Jenes Erste kann auf verschiedenen Wegen geschehen: die Israeliten und Lakedämonier versuchten es durch gänzliche Unveräusserlichkeit der Grundstücke, welche einer Familie verliehen waren; hierdurch werden aber die Besitzenden allzu sicher, die Nichtbesitzenden allzu hoffnungslos, so dass man auf solche Art dem Fleisse des Volkes schadet[84]. Es genügt für eine Demokratie, wenn nur die zu grosse Anhäufung von Ländereien in derselben Hand verhütet wird; für eine gemischte Monarchie muss man die zu grosse Zersplitterung untersagen. So würde z. B. in einem Staate von der Grösse Englands die Vertheilung der Balanz unter mehr, als Dreihundert, den Verfall der Monarchie bedeuten; die Vertheilung unter weniger, als Fünftausend, den Verfall der Republik[85]. Unter den gegenwärtigen Umständen empfiehlt der Verfasser für seine Oceana folgendes Ackergesetz. Wer ein Grundeinkommen von mehr als 2000 Pfund St. jährlich besitzt, und mehrere Söhne, der soll es bei seinem Tode so unter diese vertheilen, dass entweder Alle gleich bekommen, oder auch der Aelteste, Bevorzugteste nicht über 2000 Pfund. Auch soll Niemand, ausser durch Erbschaft, ein Grundeinkommen von mehr als 2000 Pfund jährlich zusammenhäufen; und die Mitgiften der Weiber, allein die Erbtöchter ausgenommen, sollen die Höhe von 1500 Pfund nicht übersteigen. Mit einem Worte, es ist der Zweck des Gesetzes, keinem lebenden Besitzer und auch keiner besitzenden Familie irgend wehe zu thun; innerhalb dieser Gränzen aber die Entstehung grosser Vermögen, von mehr als 2000 Pfund Grundeinkommen, so viel wie möglich zu verhindern[86]. — Das mosaische Zinsenverbot und das lykurgische Verbot des edlen Metallgeldes erklärt Harrington aus einer ähnlichen Absicht, die nur in noch grösserer Strenge durchgeführt worden. Sparta nämlich und Palästina seien so klein gewesen, dass ein stark entwickeltes Geldvermögen das Landvermögen leicht hätte überwiegen, und somit die sicherste Balanz des letztern eludieren können. Dieser Gefahr wollten jene Verbote vorbeugen[87].

Ich gedenke schliesslich der schönen Auseinandersetzung, welche Harrington dem Vorwurfe entgegenstellt, als würde sein Ackergesetz ein riesenmässiges Anschwellen der Hauptstadt und eine bettelhafte Uebervölkerung des platten Landes herbeiführen[88]. Die Volksvermehrung sei etwas schlechthin Wohlthätiges. Sie könne ihren Anfang sowohl in der Stadt, wie auf dem Lande nehmen; eine volkreiche Stadt werde auch ein volkreiches Land nach sich ziehen, und umgekehrt: nur geschehe diess im erstem Falle gleichsam durch Säugen, im letztern durch Entwöhnen. Denn die Blüthe der Stadt vermehrt den Absatz der naheliegenden Dörfer, gestattet ihnen, mehr Vieh zu halten, besser zu düngen u. s. w., selbst durch Austrocknungen und Aehnliches den Umfang des urbaren Ackers zu vergrössern. Ein dicht bevölkertes Land hingegen zwingt seine Bewohner, ausser dem Ackerbau noch andere Auskunftsmittel zu Hülfe zu nehmen: so z. B. kriegerische Wanderungen, wie in der gothisch-vandalischen Zeit, oder neuerdings am liebsten Gewerbfleiss und Städteleben.

VII.
Die Nachahmung der niederländischen Handelsblüthe.

Von SIR THOMAS CULPEPER[89] sind zwei Werkchen bekannt: zuerst eine Denkschrift, welche unter dem Titel *A tract against the high rate of usury* 1623 dem Parliamente überreicht wurde, um die Herabsetzung des legalen Zinsfusses von 10 auf 6 Procent zu empfehlen; sodann eine Fortsetzung derselben vom Jahre 1640, worin die guten Folgen der wirklich erreichten Zinserniedrigung auf 8 Procent (*21 James I, C. 17*) dazu benutzt werden, eine neue und abermals neue Herabsetzung, bis endlich zum Niveau des holländischen Zinsfusses, vorzuschlagen.

Höchst merkwürdige Schriften beide! Eine tiefe Einsicht in den Zusammenhang der meisten Symptome höherer Kultur lässt sich dem Verfasser gewiss nicht absprechen. Der lebhafte, vielseitige und durch starke Concurrenz angespornte Handel; der eigene active Betrieb der Schifffahrt; die Wohlfeilheit in der Bedienung auswärtiger Kunden; die Fähigkeit, Steuern, Almosen u. s. w. ohne grosse Beschwerde zu einem hohen Ertrage zu steigern; die wirthschaftliche Möglichkeit der Hochwaldkultur; der hohe Preis der Grundstücke: alles Diess wird nach Culpeper von der Niedrigkeit des Zinsfusses bedingt. Namentlich hebt er hervor, dass es bei einem niedrigen Zinsfusse gewinnbringender ist, den alten Boden zu meliorieren, als neuen Boden zu kaufen; ja, dass Entwässerungen, Eindeichungen, irgend kostspielige Düngungen, Spatenkultur u. s. w., ebenso wie Kolonien und gewerbliche Erfindungen, nur unter dieser Voraussetzung möglich sind. Lauter richtige Thatsachen;

Schade nur, dass die Wechselseitigkeit der Beziehungen so gut wie völlig übersehen ist. Der niedrige Zinsfuss ist ebenso wohl eine Folge, wie eine Ursache der angeführten Zustände: es sind eben alles verschiedene Seiten desselben grossen Organismus, welcher hochkultivierte Volkswirthschaft heisst. Dagegen meint Culpeper, als wenn der Staat durch künstliche Herabdrückung des Zinsfusses alles Uebrige erzwingen könnte. Eine solche Einseitigkeit ist gerade bei praktischen Volkswirthen nicht unerhört. Wie oft sind nicht Schutzzölle, bis auf unsern List herunter, als eine Art von Zaubermittel empfohlen worden, um Kultur und Reichthum zu schaffen! Und selbst die Theoretiker werden in der Kindheit ihrer Wissenschaft gar häufig von einzelnen bedeutenden Wahrheiten so eingenommen, dass sie alles Andere gleichsam nur durch diese hindurch sehen können. Ich gedenke der frühesten Philosophen und Naturforscher bei den Griechen. — Hinsichtlich der Handelsbilanz theilte Culpeper die gewöhnlichen Ansichten des s. g. Mercantilsystems. (Also bereits 4 Jahre nach Colberts Geburt!) Er hegt eine grosse Abneigung wider Kapitalanlehen aus der Fremde, die meistens nicht in edlen Metallen, sondern in überflüssigen Fremdwaaren eingingen, und an Zinsen u. s. w. mehr aus dem Lande zögen, als an Stamm hereinbrächten. Als Ausnahme, wo selbst eine ungünstige Handelsbilanz nicht erschöpfe, werden schwachbevölkerte Länder genannt, deren Bewohner ihre Naturproducte nicht aufzehren könnten.

Ein naher Geistesverwandter des Vorigen ist SIR JOSIAH CHILD, Baronet. Seine Stellung als Mitdirector der ostindischen Compagnie mag ebenso wohl zur Trübung, wie zur Aufklärung seiner nationalökonomischen Ansichten beigetragen haben[90]. Jedenfalls war er mit dem Handel aus eigener vieljähriger Erfahrung vertraut, und hat die Resultate derselben in zwei Schriften niedergelegt: *Brief observations concerning trade and the interest of money. By J. C. 4. London 1668.* (Verfasst grösstentheils schon 1665, wo Child während der Pest auf dem Lande lebte.) *A new discourse of trade. 1690. (5 ed. Glasgow 1751.)* Ich habe leider nur das letzte Buch, und zwar in einer französischen Uebersetzung von 1754, benutzen können. Ausserdem soll noch von Child sein: *A treatise, wherein it is demonstrated, that the East-India trade is the most national of all foreign trades. By Φιλοπάτρις. London 1681. 4. Confutation of a treatise, intituled: A iustification of the directors of the Netherlands East-India-Company. 1688.*

Als Mittelpunkt auch des Child'schen Systemes muss der Satz betrachtet werden, dass ein n i e d r i g e r Z i n s f u s s die *causa causans* alles Reichthums sei (p. 68); für den Handel, sogar für den Ackerbau, was die Seele für den Körper (p. 363). Diess könne man schon in England sehen, wo die gesetzlichen Erniedrigungen des Zinsfusses eine völlig entsprechende Reichthumsvermehrung nach sich gezogen hätten. Seit dem Jahre 1651, d. h. also der Zinsreduction auf 6 Procent, habe sich die Zahl der Kutschen auf das Hundertfache vermehrt; die Kammerfrauen trügen jetzt bessere Kleider, als damals die Ladies; auf der Börse gäbe es jetzt mehr Personen mit 10000 Pfund St. Vermögen, als damals mit 1000. Geht man gar zurück bis zur ersten Zinsreduction von 1545, so hat sich der Reichthum von England seitdem versechsfacht (p. 69 ff.). Etwas Aehnliches ergiebt sich aus einer Vergleichung z. B. von Holland oder Italien mit Ireland, trotz seiner Fruchtbarkeit, Spanien, trotz seiner Edelminen, der Türkei u. s. w. Mit einem Worte, über den Grad des Reichthums, der Handelsklugheit u. s. w., welchen ein bestimmtes Land erreicht hat, lässt sich ganz einfach aus der Höhe seines Zinsfusses urtheilen (p. 74). — Nun hatte aber schon damals ein scharfblickender Anonymus in der Schrift:

Interest of money mistaken (1668) die Sache umgedreht, und, im Gegensatze zu der ersten Schrift von Child, den niedrigen Zinsfuss eine Folge, nicht eine Ursache des Nationalreichthums genannt. Unser Child ist daher bemühet, das Gegentheil nachzuweisen (p. 77–98). Jedoch bestehen seine einzigen wirklich relevanten Gründe darin, dass ein niedriger Zinsfuss die Geschäftsmänner hindert, ein müssiges Rentenierleben zu führen, oder ihre Kinder dafür zu erziehen; ebenso auch, dass die Sparsamkeit des Volkes dadurch gefördert wird (p. 89 fg. 120). Er giebt desshalb auch an einer andern Stelle zu, dass es sich mit diesen Dingen ähnlich verhalten möge, wie mit den Eiern, welche sowohl die Ursache, wie die Wirkung der Hühner sind (p. 121. 156). — Den Einfluss einzelner gesetzgeberischer Acte überschätzt der Verfasser ebenso sehr, wie Culpeper (p. 3); ja, er meint geradezu, alle Menschen seien von Natur gleich, und bloss durch die Verschiedenheit ihrer Gesetze verschieden geworden (p. 146. 294). Hinsichtlich des Zinsfusses ist sein Ideal das mosaische Recht, welches den Juden unter einander das Zinsnehmen gänzlich verbot, von Fremden aber ausdrücklich gestattete. Hierdurch allein schon mussten die Juden reich werden (p. 95 fg.). Denn eine Zinserhöhung von 2 Procent ist viel nachtheiliger, als eine Zollerhöhung von 4 Procent; die letztere drückt nur auf ein Geschäft, nämlich Aus- und Einfuhr, und nur einmal jährlich; die erstere auf alle Geschäfte und unablässig (p. 38).

Uebrigens ist der letzte Grund alles Zinses, die Productivität des Kapitals selber, dem Child noch völlig dunkel. Schon der so häufig bei ihm vorkommende Ausdruck, *price of money* für Zins, weiset darauf hin. Der Gläubiger mästet sich immer auf Kosten des Schuldners (p. 79); und wenn man namentlich die wunderbaren Erfolge des Zinseszinses bedenkt, so muss es, nach Child, einleuchten, wesshalb Kapitalanleihen so schädlich sind (p. 91). Damals war erst vor Kurzem der jetzt in England so hoch entwickelte Brauch aufgekommen, dass Jedermann seine irgend überflüssigen Baarvorräthe einem Bankier übergab. Offenbar muss diess zur Wohlfeilheit des Geldes und Niedrigkeit des Zinsfusses beitragen; Child jedoch hat die entgegengesetzte Meinung (p. 46). — Von seinen theoretischen Ansichten sind ausserdem noch folgende wichtig. Er bemerkt sehr wohl den nothwendigen Zusammenhang zwischen Handelsblüthe und hohem Preise der Grundstücke[91] (p. 22); auch das ist begründet, dass ein nachhaltig hoher Preis der Lebensmittel nur bei reichen Nationen vorkommt, und umgekehrt. Dagegen ist es eine offenbare Uebertreibung, wenn selbst eine vorübergehende Jahrestheuerung den Armen vortheilhafter sein soll, als besonders reichliche Jahre (p. 81 fg.) — Vorzüglich gut entwickelt sind Childs Ansichten von der Volksvermehrung. Zwar theilt er den Irrthum, welcher im 17. und 18. Jahrhundert so weit verbreitet war, als wenn die Zunahme der Population immer ein Reichthums- und Kulturfortschritt sein müsste (p. 298). Indessen wird die, auch hier zu Grunde liegende, bedingte Wahrheit (p. 368 ff.) ungleich besser formuliert. Was aber die Voraussetzungen der Populationszunahme betrifft, so bestreitet Child sehr lebhaft die Behauptung, dass Englands Volksmenge durch die amerikanischen Ansiedelungen geschwächt worden (p. 371 ff.)[92] «Unsere Bevölkerung wird immer mit der Beschäftigung, die wir ihr geben können, im Verhältnisse stehen. Wenn England nur 100 Menschen zu beschäftigen vermöchte, während 150 aufgezogen wären: so würden 50 auswandern oder umkommen müssen, ohne Rücksicht darauf, ob wir Kolonien hätten, oder nicht hätten.» Und andererseits, wäre ja die Auswanderung zu stark gewesen, etwa durch die Leichtigkeit des Koloniallebens verlockt, so würde sich die Lücke im Mutterlande sehr bald und von selbst wieder füllen. Der

Mangel an Menschen würde eine grosse Steigerung des Arbeitslohnes verursachen, und diese wiederum zu einer vermehrten Zahl von Trauungen und Einwanderungen führen (p. 379 fg. 149). Also ganz die Keime des Malthusischen Gesetzes! — Wie bei den meisten Nationalökonomen jener Zeit, so spielt auch bei Child die s. g. H a n d e l s b i l a n z eine grosse Rolle. Er verehrt den Erfinder dieses grossen Problems (p. 314), dessen Lösung um so wichtiger ist, je verderblicher für ein Land der Verbrauch fremder Manufacturwaaren (p. 8. 358). Dem niedrigen Zinsfusse wird ganz besonders nachgerühmt, dass er das Hauptmittel sei, die Bilanz günstig zu gestalten (p. 101). Eben desswegen aber hat Child gegen die gewöhnliche Art, die Bilanz zu ermitteln, eine Menge wichtiger Einwände (p. 312–363). So erwähnt er z. B. die Trüglichkeit der Zollregister durch Schmuggelei und fehlerhafte Abschätzungen. Vom Werthe der eingeführten Waaren müsste die selbstverdiente Fracht abgerechnet werden. Nicht selten erleidet die Ausfuhr solche Abgänge, oder ist die Einfuhr so vortheilhaft gekauft, dass eine scheinbar günstige Bilanz ärmer macht, eine scheinbar ungünstige bereichert. Länder, wie Ireland, viele Kolonien u. s. w., haben um desswillen ein Uebergewicht der Ausfuhr, weil sie vermittelst derselben abwesenden Kapitalisten oder Eigenthümern eine Rente zahlen, d. h. also verarmen. Alles diess beschränkt die herkömmliche Voraussetzung, als wenn der allgemeine Ueberschuss der Ausfuhr über die Einfuhr immer durch baares Geld ausgeglichen würde. Ausserdem kann im Einzelnen z. B. England aus Norwegen oder Ostindien sehr viel mehr Waaren einführen, als dahin absetzen; aber die eingeführten Waaren sind von solcher Wichtigkeit, etwa für die Seemacht, oder für den weitern Vertrieb an dritte Nationen, dass der ganze Verkehr doch sehr vortheilhaft genannt werden muss. So ist namentlich Ostindien die vornehmste und sicherste

Salpeterquelle, und vermehrt die englische Marine ganz vorzugsweise mit kriegsfähigen Schiffen. Auch bringt die Wiederausfuhr ostindischer Waaren leicht 6mal so viel Geld nach England zurück, wie die Einfuhr gekostet hat. Selbst der Wechselcurs will Child für die Ermittelung der Handelsbilanz nicht immer genügen. Lieber empfiehlt er, aus der nachhaltigen Zu- oder Abnahme der Schifffahrt auf das Wachsen oder Schwinden des Handelsreichthums vermittelst der Bilanz zu schliessen. Uebrigens sieht er vollkommen ein, dass ein Volk, um an fremde Nationen zu verkaufen, auch von ihnen kaufen müsse (p. 358).

Als praktische Grundlage des ganzen Child'schen Systemes muss das Streben gelten, England auf dieselbe Kulturstufe zu erheben, worauf Holland sich damals befand; oder richtiger gesagt, E n g l a n d   v o m   w i r t h s c h a f t l i c h e n   U e b e r g e w i c h t e   d e r   H o l l ä n d e r   z u   e m a n c i p i e r e n. Child ist der grösste Bewunderer alles Holländischen; aber freilich nicht in der quietistisch resignierten Weise, in welcher so viele Deutsche z. B. England bewundern[93]; und eben desshalb für unser Volk und Zeitalter vorzüglich belehrend. Ist doch ein Haupttheil seines Buches während des holländisch-englischen Krieges von 1664 bis 67 geschrieben (p. 69). Als die vornehmsten Ursachen der holländischen Handelsblüthe werden ausser der Niedrigkeit des Zinsfusses folgende aufgeführt: die Theilnahme praktischer Kaufleute an den höchsten Staatsgeschäften[94]; die Aufhebung des Erstgeburtsrechtes bei Erbtheilungen[95]; die rechtliche Solidität der Gewerbetreibenden; die grossen Aufmunterungen, welche Erfindern u. s. w. von Staatswegen gewährt werden; die Geschicklichkeit und Wohlfeilheit der Rhederei, welche bei der mindesten Gefahr durch Staatsconvois geschützt wird; die eigenthümlich nationale Sparsamkeit; die allgemeine Verbreitung mathematischer Kenntnisse; die Niedrigkeit der Aus- und Einfuhrzölle, wogegen die Staatsbedürfnisse durch hohe Accisen, diese gleichmässigste, unmerklichste und unschädlichste Abgabenart, bestritten werden; die gute Armenversorgung; die Banken; die leichte Aufnahme Fremder; die schnelle und wohlfeile Entscheidung von Handelsprocessen; die ausgebildete Circulation der Handelspapiere; endlich das musterhafte Hypothekenwesen (p. 57 ff.). — Man darf nicht vergessen, dass Child gerade im Augenblicke des höchsten holländischen Glanzes schrieb: zur Zeit, wo Colbert, in einer Depesche an den französischen Gesandten daselbst vom 21. März 1669[96], den Gesammtbetrag aller Handelsflotten auf 20000 Seeschiffe angab, davon 15–16000 auf Holland, 5–600 auf Frankreich kämen. Wenig Jahre später konnte der scharfblickende Temple schon die Ansicht äussern, dass der holländische Handel seinen Zenith passiert habe[97].

In einer Reihe von besonderen Kapiteln werden nun die wichtigsten Punkte des Obigen den Engländern noch näher gelegt. Der Vorschlag einer grössern Centralisation der Armenpflege[98], wenigstens für London und dessen Umgegend (p. 187–217), ist aus der holländischen Ansicht hervorgegangen, dass jeder lebhafte Handel einen freien Ab- und Zufluss der Bevölkerung fordert; eine stark localisierte Armenpflege steht aber nothwendig mit streng festgehaltenem Heimathsrechte in Verbindung. — Privilegierte Handelsgesellschaften billigt Child in solchen Ländern, «wo der König keine Verbindungen hat und haben kann, sei es nun wegen ihrer Entfernung, oder wegen ihrer Barbarei und Unchristlichkeit; ebenso, wo Festungen und Truppen für den Handel gehalten werden müssen.» Uebrigens sollten auch hier alle Landsleute gegen eine mässige Abgabe am Handel der Compagnie Theil nehmen dürfen. Die hiergegen vorgebrachten Gründe widerlegt unser Verfasser mit Erfolg. Auch verwirft er Compagnievorrechte in allen den Fällen, wo die obigen Bedingungen nicht vorhanden sind: den Verfall z. B. des englischen Ostseehandels, Grönlandverkehrs u. s. w. schreibt er den hierfür privilegierten Gesellschaften zu, während sich der freie Handel mit der Levante, mit Spanien u. s. w. vortrefflich gegen die Holländer behauptet habe (p. 24. 218 ff.). Namentlich soll das Hinkümmern des französischen Westindiens vom Compagniemonopole herrühren (p. 403). Man sieht, diess sind ganz ähnliche Grundsätze, wie Adam Smith sie hatte: nur dass Child die

Ausnahme von der Regel sehr viel breiter fasst. — Auch die Smith'sche Ansicht von der N a v i g a t i o n s a c t e ist bei Child vorbereitet (p. 238 ff.). Er nennt diess Gesetz die *Magna Charta maritima* (p. 36), obwohl er keineswegs übersieht, dass dadurch zu Gunsten einer kleinen Zahl von Rhedern u. s. w. der grossen Mehrzahl des englischen Volkes die Schifffahrtsdienste vertheuert worden. Indessen sei der militärische Nutzen für den ganzen Staat doch entschieden überwiegend. Aus diesem Grunde will er besonders diejenigen Handelszweige begünstigt wissen, die verhältnissmässig am meisten Schifffahrt erfordern; hier ist nicht bloss der Frachtgewinn, also ein reines Plus, sondern zugleich der militärische Nebennutzen am bedeutendsten (p. 29).[99] — Wie Child überall in echt holländischer Weise zur bereitwilligen Naturalisierung der Fremden, zur Toleranz gegen Nonconformisten u. s. w. räth, so empfiehlt er namentlich auch, nach gehöriger Abwägung der Gegengründe, die Aufnahme der Juden (p. 290 ff.). — Ganz vortrefflich ist seine Ansicht von G e w e r b e r e g l e m e n t s (p. 305 ff.). Er glaubt im Allgemeinen, dass solche Staatsmassregeln, um die technische Güte der Gewerbserzeugnisse zu verbürgen, schwer durchzusetzen sind; und werden sie gleichwohl durchgesetzt, so legen sie dem Producenten, gegenüber den Schwankungen der Mode u. s. w., die nachtheiligsten Fesseln an. Ein Volk, welches den Welthandel beherrschen will, muss Waaren von jeder Qualität verfertigen, um eben jedem Bedürfnisse und Geschmacke entsprechen zu können. Wo ausnahmsweise ein obrigkeitlicher Stempel für gewisse Qualitäten besteht, da muss allerdings gewissenhaft mit ihm verfahren werden; allein die nicht vorschriftsmässigen Waaren sollte man nur durch Verweigerung des Stempels bestrafen. Daneben empfiehlt er sehr, dass jeder Fabrikant sein Privatzeichen habe, und Länge, Breite u. s. w. der Waare äusserlich angebe; wo denn Betrug in einer dieser Beziehungen aufs

Härteste geahndet werden müsste. — Ueberhaupt ist Child in der Regel ein warmer Freund der Gewerbe- und Handelsfreiheit. Er ist gegen die städtischen Zunftprivilegien; gegen die Vorschrift von *5 Elizab.*, dass Niemand ein Gewerbe treiben darf, in welchem er keine Lehrzeit bestanden (p. 290); gegen die Gesetze, welche die Zahl der Gewerbetreibenden, der Lehrlinge u. s. w. fixieren, die Verbindung nahe verwandter Gewerbe in Einer Person verbieten (p. 29. 306). Wie er gegen obrigkeitliche Taxen eifert, so ist er ein Vertheidiger der freien Ausfuhr nicht allein des rohen, sondern auch des gemünzten Goldes und Silbers[100]. Von dem Verbote der rohen Wollausfuhr (seit 1647) sagt er: «Diejenigen, welche den besten Preis für eine Waare zahlen können, werden sie immer auf die eine oder andere Weise zu beziehen wissen, trotz aller Gesetze, trotz aller Dazwischenkunft irgend einer See- oder Landmacht: solche Stärke, Feinheit und Gewalt hat der allgemeine Lauf des Handels.»[101] Das Aufspeichern des Kornes erklärt er für einen der nützlichsten Dienste, welche dem Handel geleistet werden können (p. 172 ff.). Dasselbe holländische Beispiel hatte ihn auch von der Nützlichkeit der Gemeinheitstheilungen, Kanalisierungen u. s. w. überzeugt (p. 170). So unbegründet ist die Ansicht, welche den Child mit dem banalen Vorwurfe des Mercantilismus glaubte abfertigen zu können! — Was endlich die Kolonien betrifft, so theilt der Verfasser die Ansicht, welche bis vor Kurzem die Praxis, und bis auf J. Tucker herab die Theorie fast ausschliesslich beherrschte. Jede Kolonisation schadet dem Mutterlande, wenn dasselbe nicht durch gute und streng durchgeführte Gesetze den Handel der Kolonie allein bekommt. Ohne solche Gesetze würde aller Kolonialhandel den Holländern zufallen. Der Menschenverlust aber, der zunächst in jeder Kolonisation liegt, kann nur dadurch wieder gut gemacht, ja zum Gewinne verkehrt werden, dass die Ausgewanderten indirect in der zurückgelassenen

Heimath eine stärkere Production zu Wege bringen (p. 394 ff.). Uebrigens enthält der Abschnitt von den Kolonien eine Menge der treffendsten, oft geradezu prophetischen Urtheile. So wird z. B. das verschiedene Kolonisationstalent der Spanier, Holländer und Franzosen ungemein gut charakterisiert, und den Engländern der Trost ertheilt, dass sie auf dem Felde der eigentlichen Ansiedelung von deren Rivalität nicht viel zu fürchten haben (p. 397 ff.). Einen für die Zukunft höchst gefährlichen Nebenbuhler sieht Child dagegen in Neuengland erstehen, zumal was die Seemacht betrifft (p. 428. 433). Er hat die spätere Grösse der Vereinigten Staaten merkwürdig vorausgeahnt.

Bei einem so reichen und bedeutenden Inhalte des Child'schen Werkes können die Mängel seiner Form, die zahlreichen Wiederholungen, selbst Widersprüche im Einzelnen (vgl. z. B. p. 24 und 224), wohl ein milderes Urtheil fordern. Es sind eben Fehler, wie sie bei Praktikern, die pamphletmässig arbeiten, gewöhnlich vorkommen[102].

VIII.
Der politische Arithmetiker Petty.

SIR WILLIAM PETTY (1623–1687) hat sich im Leben dermassen umgetrieben, dass die ihm angeborene Vielseitigkeit und praktische Gewandtheit, vielleicht auf Kosten seines sittlichen Charakters, im höchsten Grade entwickelt werden mussten. Sohn eines Tuchmachers, erwarb er sich schon im Knabenalter, neben klassischen und mathematischen Studien, die praktische Kenntniss einer Menge von Handwerken. Als Jüngling trieb er Handelsgeschäfte, warf sich aber alsbald, namentlich in Paris und Holland, auf das Studium der Anatomie und Arzeneiwissenschaft, wobei ihm u. A. die Freundschaft des Hobbes förderlich war. In den letztgenannten Fächern, sowie in der Chemie, lehrte und prakticierte er seit 1648 zu Oxford. Seine Verbindung mit Ireland, die später auch wissenschaftlich so bedeutende Fruchte bringen sollte, begann mit einer Anstellung als Ober-Militärarzt, worin er sich ausser seinem Gehalte ein Honorar von jährlich 4000 Pfund St. zu verdienen wusste. Hier fand er Gelegenheit, die schlechte Vermessung und Vertheilung der ungeheueren Landstriche wahrzunehmen, die in Ireland confisciert worden waren. Er machte die Regierung aufmerksam darauf, und erhielt nun selber die Leitung des ganzen Verfahrens. Die Karten, welche zu diesem Zwecke ausgearbeitet wurden, galten damals für die genauesten, deren sich irgend ein Land rühmen konnte[103]; und sie haben in Ireland bis auf den heutigen Tag gerichtliche Beweiskraft[104]. Die Summen, welche Petty mit dieser Arbeit verdiente, wurden von ihm zu Güterkäufen und Creditspeculationen mit dem glücklichsten Erfolge angewendet. Auch darin war er ebenso rücksichtslos, wie geschickt, dass er während der Revolution als Anhänger des Parliamentes auftrat, während der Restauration aber von Karl II. mit Gunstbezeugungen nicht vergessen wurde. Eine, dem König dedicierte, Abhandlung überschreibt er sehr offenherzig mit dem Motto: *Qui sciret regibus uti, fastidiret olus!* Bei seinem Tode hinterliess er ein Jahreseinkommen von 15000 Pfund St. Sein Sohn wurde nachmals zum Baron Shelburne ernannt, und ist der Stammvater der heutigen Marquis von Lansdowne[105].

Pettys reiche und glänzende Bildung ist von seinen Zeitgenossen vielfach bewundert worden. So erklärt ihn Evelyn (a. a. O.) für einen der besten lateinischen Dichter unter den Lebenden. *He is so exceeding nice in sifting and examining all possible contingencies, that he adventures at nothing which is not demonstration. There were not in the whole world his equal for a superintendent of manufacture and improvement of trade, or to govern a plantation.... There is nothing difficult to him.* Auch seiner grossen Geschicklichkeit wird erwähnt, andere Menschen nachzuahmen: so z. B. die verschiedensten Prediger, Quäker, Mönche, Presbyterianer u. s. w. in derselben Stunde zu copieren. Was Pepys[106] namentlich an ihm hervorhebt, ist die Schärfe seines Verstandes und die Klarheit seiner Auseinandersetzungen. Zu seinen unzweideutigsten Verdiensten gehört die Theilnahme an der Gründung und Leitung der *Royal Society*; sowie er auch in technischer Beziehung als Erfinder geglänzt hat.

Unter den Schriften Pettys sind die wichtigsten folgende. *A treatise of taxes and contributions, shewing the nature and measures of crown-lands, assessments, customs, poll-money, lotteries, benevolences etc. (4. London 1679.) Quantulumcunque, or a tract concerning money, addressed to the Marquis of Halifax. (4. London 1682.) Several essays in political arithmetick;* zuerst 1682 erschienen, dann mit der schönen posthumen Abhandlung

Political arithmetick concerning the value of lands etc. vermehrt 1691. (*4. edition London 1755. 8.*) *Political survey or anatomy of Ireland, with the establishment of that kingdom, when the Duke of Ormond was Lordlieutenant etc. (8. London 1791.)* — Eine würdige Gesammtausgabe seiner Werke fehlt noch immer, was um so mehr zu beklagen ist, als sich ungedruckte Aufsätze über irische Statistik und Aehnliches im Besitze der Lansdowne'schen Familie befinden sollen.

Pettys s t a t i s t i s c h e Arbeiten zeugen ebenso sehr von der genialen Umsicht und Klarheit seines persönlichen Blickes, wie von der grossen Unvollkommenheit aller damaligen Hülfsmittel. — Was in unserer heutigen Statistik ziemlich das Sicherste, verhältnissmässig auch Leichteste ist, die Bevölkerungszahl im Allgemeinen, das musste Petty auf den unsichersten und mühsamsten Umwegen zu errathen suchen[107]. Er schliesst zuvörderst aus der Menge der Häuser, die in London sind; weiterhin meint er, wenn in Paris jedes Haus 3 oder 4 Familien zählt, so werde in London wohl ein Zehntel der Häuser je 2 Familien enthalten, die übrigen nur eine; endlich die Personenzahl einer Familie hatte schon Graunt bei Kaufleuten auf 8 im Durchschnitte angegeben, Petty schlägt sie in den vornehmeren Familien auf über 10, in den ärmeren auf 5, den Gesammtdurchschnitt auf 6 an. Die auf solche Art gewonnene Menschenzahl Londons wird nun von Petty auf zweierlei Weise controliert: einmal, indem er die Mittelzahl der jährlichen Todesfälle mit 30 multipliciert; sodann, indem er die Zahl der an der Pest des Jahres 1665 Gestorbenen, die ein Fünftel der damaligen Bevölkerung gewesen sein sollte, zu Grunde legt, und den natürlichen Zuwachs bis auf seine Zeit hinzurechnet. Alle drei Methoden stimmen soweit überein, dass die erste eine Zahl von 695076, die zweite 696360, die dritte 653000 giebt. So stützt sich Pettys Berechnung des ireländischen Viehstandes auf die Grösse der Wiesen- und Weideflächen (*supposing to be competently well stock'd*); er räth sodann (*I guess*), dass ein Drittel der kleinen Familien je ein Pferd halte, und vermuthet (*suppose*) bei den 16000 grösseren Familien zusammen 40000 Pferde u. s. w.[108] Bei dieser Ungewissheit vieler seiner Grundlagen darf man sich nicht verwundern, wenn z. B. die *Observations upon the Dublin bills of mortality* (1681) mit dem Ergebnisse schliessen, dass Dublin eher 58000, als 32000 Einwohner zähle[109]. Ja, es kommen sogar recht auffallende Sprünge in seinen Calculen vor: wie z. B., wo er die irische Butter- und Viehausfuhr des Jahres 1664 um ein Drittel grösser findet, als 1641, und nun daraus folgert, es sei in dem letztern Jahre die Bevölkerung ein Drittel grösser gewesen[110].

Doch genug von diesen Mängeln, wo die Vorzüge ein so entschiedenes Uebergewicht haben! Man darf in der That nur die besten der s. g. *Respublicae Elzevirianae*, oder Comings Arbeiten mit Petty zusammenstellen, um den epochemachenden Fortschritt zu erkennen, welchen der Letztere begründet hat. Die Beobachtung ist das eine Auge der Statistik, die Vergleichung das andere; und in beiderlei Rücksicht ist Petty bewunderungswerth. So will es ihm z. B. wenig genügen, wenn man die Luft von Ireland für mild und gemässigt, für feucht erklärt u. s. w. Vielmehr bedürfe es hierzu langer, mühsamer und wiederholter Beobachtungen, einfacher und comparativer, in verschiedenen Theilen der Insel und verschiedenen Jahreszeiten angestellt, und verglichen mit ähnlichen Beobachtungen aus anderen Erdtheilen. Er fordert namentlich Instrumente, um die Bewegung und Stärke des Windes zu messen, sowie Beobachtungen, wie viele Stunden täglich im ganzen Jahre der Wind aus einer bestimmten Himmelsgegend weht; ferner Messungen des jährlichen Regenfalles, des höchsten und niedrigsten Grades der Luftfeuchtigkeit; thermometrische und barometrische Beobachtungen von Stunde zu Stunde

u. dgl. m.[111] Um die Gesundheit des Klimas zu beurtheilen, soll nicht bloss ermittelt werden, wie viele Geburten und Todesfälle jährlich auf eine gegebene Anzahl von Lebenden kommen, sondern auch die mittlere Lebensdauer[112]. Gerade die letzterwähnten Verhältnisse scheinen ihm wichtig genug, um sie das *Abc* der *publick economy* zu nennen[113]. — Uebrigens soll der schildernde Theil der Statistik durchaus nicht, wie bei so vielen Neueren, hinter dem tabellarischen Theile zurücktreten. So z. B. ist die Beschreibung der Parteien in Ireland, ihrer tieferen Ansichten und letzten Beweggründe, zumal des Verhältnisses zwischen den katholischen Priestern und Gemeinden, durchaus musterhaft[114]. Ebenso werden die Nahrung, Kleidung, Sitten, Bildung u. s. w. der verschiedenen Volksklassen mit der schönsten Anschaulichkeit, obwohl zugleich mit der prägnantesten Kürze geschildert (p. 91 ff.). Jede gute Statistik, um mit Schlözer zu reden, ist der Querdurchschnitt eines geschichtlichen Stromes. Nun hat sich unser Petty zwar mit gelehrten historischen Studien schwerlich viel abgegeben; ein gesunder historischer Blick aber ist ihm gewiss nicht abzusprechen. So schliesst er, lediglich gestützt auf die Natur der Gegend, dass die ältesten Bewohner Irelands von Schottland ausgegangen, und in der Nähe von Carrickfergus übergesiedelt sind. Denn die Schifffahrt sei damals viel zu roh gewesen, um eine Uebersiedelung anderswoher, als von Grossbritannien, vermuthen zu lassen. Von den wallisischen Vorgebirgen aus könne Ireland oft gar nicht und niemals klar gesehen werden, dagegen Carrickfergus von Schottland aus sehr wohl und immer. Ein kleines Boot rudert hier in 3 bis 4 Stunden über; die irische Küste ist hier viel besser, als die gegenüber liegende schottische; auch die Sprachen beider Länder hier am ähnlichsten. Es kommt noch hinzu, dass die vornehmsten und wahrscheinlich ältesten Bischofssitze hier in der Nähe liegen[115]. — Man sieht, die Methode ist ganz die unserer besten neueren Forschungen, wie sie freilich auch der alte Thukydides bereits geübt hat![116] — Ebenso praktisch und historisch zugleich ist die Erklärung, wesshalb Ireland, wie alle dünn bevölkerten Gegenden, an Eigenthumsunsicherheit leidet; und dass es unpassend ist, solche Länder mit den Gesetzen dicht bevölkerter Staaten ohne Weiteres curiren zu wollen (p. 98).

Wie die politische Anatomie von Ireland[117] für die damalige Zeit das Muster einer Einzelstatistik darbietet, so die posthume Schrift *Political arithmetick* das Muster einer Comparativstatistik. Der reiche Inhalt dieses Werkchens, das doch nur 90 Octavseiten zählt, wird durch den langen Titel bezeichnet: *A discourse concerning the extent and value of lands, people, buildings; husbandry, manufactures, commerce, fishery, artizans, seamen, soldiers; publick revenues, interest, taxes, superlucration, registries, banks; valuation of men, increasing of seamen, of militias, harbours, situation, shipping, power at sea etc. As the same relates to every country in general, but more particularly to the territories of his Majesty of Great-Britain, and his neighbour of Holland, Zealand and France.* Zu tadeln ist auch hier wieder das kecke Gruppieren von Ziffern, deren Unsicherheit der Verfasser am besten wissen konnte: so z. B. wenn er alle Waaren, die aus irgend einem Theile der mercantilen Welt ausgeführt werden, auf jährlich 45 Millionen Pfund St. schätzt, und nun daraus folgert, dass England Kapital genug besitze, um den Welthandel an sich zu reissen (p. 180 ff.). Desto rühmlicher ist sein Streben, das statistische Material in allen wichtigeren Staaten jener Zeit gleichmässig zu beherrschen; die geistvolle Hervorhebung nur des wirklich Relevanten und Interessanten; sowie der echt staatsmännische Tact, mit welchem gleichsam die Muskeln und Nerven der Staatsmacht herausgefühlt werden, während die Mehrzahl der Statistiker nicht einmal durch die äusseren Gewänder hindurchdringen kann. —

Die grossen Vorzüge der Holländer weiss Petty nach Verdienst zu würdigen; seine Darstellung derselben stimmt in vielen Punkten mit der von Child überein; aber seine Erklärung ist besser. Es zeigt sich bei ihm das *Nil admirari* des wahren Kenners, der grossentheils nachzuweisen vermag, wie die bewunderten Dinge nicht sowohl genial erfunden, sondern fast mit Nothwendigkeit aus den Umständen hervorgegangen sind (p. 115). — Auch seine kleineren *Essays on political arithmetick*, die meistens für die königliche Gesellschaft der Wissenschaften geschrieben wurden, gehören zum grossen Theile der vergleichenden Statistik an: so z. B. die schönen Untersuchungen über London und Paris, London und Rom, Dublin und mehrere andere Grossstädte. Die oben erwähnte Hauptarbeit schliesst mit den Worten, man werde aus dem Gesagten ersehen können, was der Verfasser unter politischer Arithmetik verstehe. Es ist das im Wesentlichen eben, was wir eine vergleichende und in Ziffern möglichst exacte Statistik nennen würden[118]. Wie neu diese Wissenschaft damals war, zeigt sich noch am Ende des 17. Jahrhunderts in dem begeisterten Lobe, welches ihr von Davenant[119] gespendet wird. Unser Petty kann desshalb zu den vornehmsten Begründern derselben gezählt werden; obschon die Behauptung seines Sohnes, er sei notorisch der Erfinder dieser Methode[120], eine Uebertreibung enthält. Ihm ist nämlich in vielen Punkten der Weg gebahnt worden durch die treffliche Schrift seines Collegen in der königlichen Gesellschaft, Capitän J o h n G r a u n t *Natural and political observations upon the bills of mortality, chiefly with reference to the government, religion, trade, growth, air, diseases etc. of the city of London. (4. London 1662.)* Petty selbst beruft sich oftmals auf diesen Vorgänger, nach dessen Tode er 1676 die 5. Ausgabe des gedachten Werkes besorgte[121]. Was übrigens die von Graunt und Petty gefundenen Sterbegesetze anbetrifft, welche auf den Registern der Städte London und Dublin

90

beruhen, so hat bereits Halley[122] dawider geltend gemacht, dass der starke Ab- und Zufluss, den diese Städte durch Aus- und Einwanderung erleiden, das Resultat der Rechnung sehr stören müsse. Er selber zog desshalb vor, die Stadt Breslau bei seinen Untersuchungen zu Grunde zu legen. — Jene Vergleichstatistik von England, Frankreich und Holland ist aber noch aus einem andern Grunde wichtig. Sie ist nämlich direct in der Absicht geschrieben, um der weitverbreiteten Klage, als wenn der englische Staat in raschem Verfall begriffen wäre, entgegen zu treten. Man glaubte damals, «die Grundrente sei allgemein gesunken; das ganze Reich werde von Tag zu Tage ärmer; es herrsche Mangel an edlen Metallen; das Land sei untervölkert, und habe gleichwohl keine hinreichende Beschäftigung für seine Bewohner; die Steuern seien zu hoch; Ireland und Amerika nur eine Last für England, Schottland wenigstens kein Vortheil; der Handel im kläglichsten Sinken begriffen; die Holländer seien mit ihrer Seemacht den Engländern fast gleich, und die Franzosen überholten beide an Reichthum und Macht so sehr, dass nur ihre Gnade sie von dem Verschlingen ihrer Nachbaren abhalte; mit einem Worte, Kirche und Staat von England schwebten in derselben Gefahr, wie der englische Handel.»[123] Dagegen zeigt nun Petty, dass kleine Länder und Völker durch Lage, Handel und Politik viel grösseren an Reichthum und Macht gleichkommen können; dass Frankreich insbesondere an Seemacht den Engländern und Holländern immer nachstehen müsse; dass Land und Volk des englischen Königs von Natur fast ebenso bedeutend seien, wie Frankreich; dass Englands Macht und Reichthum seit 40 Jahren zugenommen haben, und alle Hindernisse, welche dem fernem Wachsthume entgegenstehen, beseitigt werden können; endlich dass es an Geld nicht fehle, um den englischen Handel, ja den Handel der ganzen Welt zu treiben. — Mit diesen Erörterungen wird eine Controverse

91

vorläufig geschlossen, welche zwanzig Jahre lang die englischen Nationalökonomen in zwei Heerlager gespalten hatte, und deren praktische Bedeutung, namentlich für die Handelspolitik, ausserordentlich gewesen war[124]. Es ist übrigens charakteristisch für die damalige Abhängigkeit der stuartischen Regierung von Frankreich, und der englischen Presse wieder von der Regierung, dass diese vortreffliche, echt patriotische und loyale Schrift erst 1694 gedruckt werden durfte, weil sie *offended France*!

Wir gehen nunmehr zu den n a t i o n a l ö k o n o m i s c h e n Ansichten über, welche Pettys Arbeiten zu Grunde liegen.

Der im Keime schon von Hobbes aufgestellte Satz, dass der P r e i s jedes Gutes von der, zu seiner Hervorbringung erforderlichen, Arbeit abhängt, ist durch Petty bedeutend weiter entwickelt. «Wenn Jemand eine Unze Silber aus der Erde Perus nach London bringen kann, in derselben Zeit, welche er nöthig hat, um einen Büschel Getreide zu erzeugen, so ist das Eine der natürliche Preis des Andern. Und ferner, wenn vermittelst neuer, leichterer Minen ein Mann ebenso leicht zwei Unzen Silbers gewinnen kann, wie früher eine Unze, dann wird Getreide zu 10 Schilling der Büschel ebenso wohlfeil sein, wie früher zu 5 Schilling, vorausgesetzt, dass die übrigen Umstände gleich sind.»[125] «Natürliche Theuerung und Wohlfeilheit hängen von der grössern oder geringern Zahl der Hände ab, welche für die nothwendigsten Dinge erfordert werden. So ist das Korn wohlfeiler, wo ein Mann den Kornbedarf für 10 hervorbringen kann, als wo er diess nur für 6 zu thun vermag; wobei noch berücksichtigt werden muss, wie das Klima die Menschen zwingt, mehr oder weniger zu verbrauchen. Getreide wird doppelt so theuer sein, wo 200 Bauern dieselbe Arbeit verrichten müssen, welche 100 thun könnten.»[126] Unter diese Regel fallen auch solche Arbeiten, welche sich durch Künstlichkeit oder Gefährlichkeit auszeichnen. «Wenn die Production des Silbers mehr Kunst erfordert, oder mehr Gefahr mit sich bringt, als die des Kornes, so lasse man 100 Menschen 10 Jahre lang auf Korn arbeiten, und ebenso viele ebenso lange auf Silber: dann behaupte ich, dass der Reinertrag des Silbers der Preis sein wird für den ganzen Reinertrag des Kornes, und gleiche Quoten des einen der Preis für gleiche Quoten des andern. Obschon nicht so viele Silberarbeiter die Kunst des Raffinierens und Münzens gelernt, oder die Gefahren und Krankheiten der Grubenarbeit überlebt haben werden.»[127] — Petty erklärt es für «die wichtigste Betrachtung der politischen Oekonomie,» ein P r e i s m a s s zu finden, welches namentlich auf Grundstücke und Arbeit gleichmässig angewandt werden könnte. Als ein solches Preismass empfiehlt er nun den durchschnittlichen Nahrungsbedarf eines Mannes für einen Tag; und zwar, weil die verschiedenen Nahrungsmittel verschiedene Arbeitsmengen zu ihrer Production erheischen, den Nahrungsbedarf auf die wohlfeilsten Lebensmittel zurückgeführt. An diesen Massstab gehalten, ist z. B. das Silber in Russland viermal so theuer, als in Peru: wegen der Frachtkosten und Gefahren, womit ein Transport desselben aus Peru nach Russland verbunden zu sein pflegt[128].

Nicht weniger anziehend sind die Bemerkungen Pettys über die drei grossen Einkommenszweige. Das natürliche Sinken des Z i n s f u s s e s erklärt er für eine Folge der Geldvermehrung. Staatsgesetze könnten in dieser Rücksicht direct wenig thun[129]. Wenn er desshalb für Ireland eine Erniedrigung des Zinsfusses, etwa von 10 auf 5–6 Procent, wünschenswerth findet, so empfiehlt er zur Erreichung dieses Zweckes, ausser einer Landbank, doch nur solche Massregeln, welche die Handelsthätigkeit und Creditsicherheit vergrössern[130]. Gegen die üblichen Vorschriften eines Zinsmaximums eifert er schon desshalb, weil verschiedene Darlehensgeschäfte eine so sehr verschiedene Gefahr mit sich bringen[131]. — Hinsichtlich der G r u n d r e n t e unterscheidet Petty die *natural and genuine rent of lands*, d. h. den Ertrag in Bodenproducten, von dem Geldertrage[132]. Um nun die Grundrente im engern Sinne des Wortes zu ermitteln, soll man den durchschnittlichen Rohertrag der Ländereien, etwa eines Kirchspiels, und die Ausgaben der umwohnenden Arbeiterbevölkerung (*within a market-days journey*) erforschen; der letztere Punkt wird alsdann einen Schluss auf die Kosten erlauben, mittelst welcher der obige Rohertrag gewonnen worden ist. Eleganter noch ist folgendes Verfahren. Wenn ein Kalb auf freier Weide innerhalb einer gewissen Zeit um so viel Fleisch zunimmt, wie 50 tägliche Mannsnahrungen (*days-food*) kosten, und ein Arbeiter auf demselben Lande und binnen derselben Zeit = 60 tägliche Mannsnahrungen produciert: so muss die Grundrente = 50, der Arbeitslohn = 10 betragen[133]. Von der Erfahrung übrigens, dass die Gaben der Natur bei steigender Bevölkerung mit relativ immer grösseren Kosten errungen werden müssen, dieser Grundlage des Ricardo'schen Gesetzes, hat Petty keine Ahnung. Er findet, dass Englands Grundrente verhältnissmässig 4 bis 5 mal so hoch ist, wie die irische, aber nur 1/4 bis 1/3 so hoch, wie die holländische; und bringt diess alsdann ganz einfach mit der Bevölkerung in Zusammenhang, welche in Holland 4 mal dichter sei, als in England, und in England 4 bis 5 mal dichter, als in Ireland. Ob diess Verhältniss eine Gränze habe, kümmert ihn so wenig, dass er, in seinem Eifer für Dichtigkeit der Bevölkerung, es für einen Vortheil halten würde, ganz Ireland und Hochschottland aufzugeben, die Bewohner aber nach England herüberzusiedeln![134] Desto schöner ist die Beobachtung, dass mit der Zunahme des Handels und Gewerbfleisses eine Abnahme der landwirthschaftlichen Arbeiterpopulation verbunden zu sein pflegt: wie z. B. die Holländer ihr Getreide und

Jungvieh aus Polen und Dänemark beziehen, ihr eigenes Land aber zu Gartenbau, Milchwirthschaft u. s. w. verwenden. Ein solcher Fortschritt, meint der Verfasser, müsse die Grundrente erniedrigen[135]. — Die Verschiedenheiten des A r b e i t s l o h n e s erklärt Petty auf folgende Weise. Gesetzt, ein Maler habe seine Porträts bisher zu 5 Pfund St. das Stück geliefert, erhalte aber zu diesem Preise einen grössern Zuspruch von Kunden, als er befriedigen kann: so wird er seinen Preis auf 6 Pfund St. erhöhen, sobald er glaubt, dass eine hinreichende Zahl von Kunden, um seine ganze Arbeitszeit auszufüllen, zu diesem Preise bereit ist. Etwas Aehnliches ergiebt sich, wenn bisher z. B. 1000 gemeine Arbeitstage 100 Aecker Landes zu bestellen pflegten, jetzt aber ein denkender Kopf in 100tägiger Geistesarbeit eine solche Verbesserung der Landwirthschaft aussinnt, dass in den übrigen 900 Tagen, statt 100, 200 Aecker damit bestellt werden können. Hier ist die 100tägige Geistesarbeit offenbar so viel werth, wie die gemeine Handarbeit eines ganzen Menschenlebens[136]. Vermittelst einer Kapitalisierung des Arbeitslohnes hat Petty zu wiederholten Malen den «Werth des Volkes» zu schätzen gesucht. Er bedient sich hierbei, ohne Rücksicht auf die Vergänglichkeit der individuellen Arbeitskraft, desselben Multiplicators, wie bei der Kapitalisierung von Grundrenten: weil die menschliche Gattung ebenso unvergänglich ist, wie die Grundstücke[137].

Sehr ausgebildet ist die Lehre Pettys vom Unterschiede der p r o d u c t i v e n und u n p r o d u c t i v e n A r b e i t. In seiner politischen Arithmetik stellt er zwei Klassen von Menschen einander gegenüber: «solche, die materielle Dinge produciren, oder Dinge von wirklichem Nutzen für das Gemeinwohl, die insbesondere durch Handel oder Waffen den Gold-, Silber- und Juwelenreichthum des Landes vergrössern; und solche, die weiter Nichts thun, als Essen,

Trinken, Singen, Spielen und Tanzen,» wohin der Verfasser auch das Studium der Metaphysik und andere «unnütze Speculationen» rechnet. Die letztere Klasse vermindert den Volksreichthum; ausser insofern, als solche Uebungen zur Erholung und Erfrischung des Geistes dienen, und bei massigem Gebrauche die Menschen für andere, an sich wichtigere Geschäfte besser disponieren können. Als eine dritte Klasse werden noch diejenigen Geschäfte angeführt, welche unbedingt schädlich sind: als Betteln, Betrügen, Stehlen, Hazardspielen u. s. w.[138] — Der Handel, meint Petty, kann sowohl productiv sein, als unproductiv. Die meisten Betreiber fassen ihn freilich unproductiv, indem sie viel mehr bemühet sind, ihre Quote auf Kosten des Ganzen, als das Ganze auf Kosten ihrer Quote zu vergrössern. Petty gedenkt hier namentlich der zahllosen Processe und Chicanen, welche in Ireland durch die grosse Rechtsunsicherheit sowohl des Grundbesitzes, wie der Steuern, Criminalgesetze u. s. w. veranlasst werden. In all diesen Fällen werde das Volksvermögen ebenso wenig vergrössert, wie bei Spielern, gutentheils sogar falschen Spielern. Es beschäftigen sich aber zwei Drittel der irischen höheren Stände mit solcher unproductiven Arbeit, gerade wie Heuschrecken oder Raupen![139] Hierher gehört auch der Umstand, dass etwa ein Drittel aller städtischen Häuser in Ireland Bierhäuser sind[140].

Ueber die Bewegung der P o p u l a t i o n sind Pettys Beobachtungen äusserst unzureichend, so mannichfaltig die Gesichtspunkte waren, die er dabei aufzustellen dachte[141]. Er ist aber nicht einmal dahin gekommen, die Nothwendigkeit verschiedener Mortalitäts-, Nativitäts- u. s. w. Verhältnisse auf verschiedenen Kulturstufen zu erkennen. So giebt er als Regel an, dass sich 300000 Menschen im Laufe von 500 Jahren auf 1200000 vermehrten[142]. Anderswo berechnet er, dass 1842 die

Bevölkerung von London = 10718889, die des ganzen übrigen Englands = 10917389 betragen werde[143]. — Von der Nützlichkeit dichter Bevölkerung ist er fast leidenschaftlich eingenommen; so dass er 1000 Acres, welche 1000 Menschen ernähren können, geradezu für besser erklärt, als 10000 Acres mit demselben Effecte. Er beruft sich darauf, dass im erstern Falle jede Vereinigung zu gemeinsamen Zwecken, jede Seelsorge, Rechtspflege, militärische Vertheidigung, jede Arbeitstheilung und Versorgung mit Vorräthen ungleich bequemer ist[144]. Den Nutzen der Arbeitstheilung, namentlich um die Producte wohlfeiler zu machen, hat er sehr gut erkannt[145]. Während die früheren Könige mehr als einmal versucht hatten, dem riesenhaften Anschwellen der Hauptstadt Gränzen zu setzen[146], findet Petty dasselbe nur erfreulich. Er meint, dass durch eine Vergrösserung Londons auf mehr als 4 1/2 Millionen Einwohner der Staat nach Aussen leichter zu vertheidigen, nach Innen leichter zu regieren sein würde; die Arbeitstheilung würde in den Gewerben vollkommener, die Concurrenz grösser, die Transport- und Reisekosten aller Art geringer, die Steuern einträglicher werden[147].

Ausgezeichnet stark ist Petty in der Lehre vom G e l d e. Dass der Reichthum eines Volkes nicht vorzugsweise, oder gar ausschliesslich in edlen Metallen bestehen könne, davon hatten ihn seine statistischen Untersuchungen auf das Lebhafteste überzeugt. In den meisten Ländern, namentlich in Ireland, selbst in England, beträgt der gesammte Münzvorrath nur etwa 10 Procent der jährlichen Volksausgaben und kaum ein Procent des Nationalvermögens[148]. Jedes Land hat auch für seinen Verkehr nur eine gewisse Menge von Geld nöthig; es wäre eine schlechte Wirthschaft, den Baarvorrath zu vergrössern, wo der Reichthum sich nicht vergrössert hat. Denn es kann ebenso wohl zu viel, wie zu wenig Geld vorhanden sein;

nur dass im erstern Falle die Abhülfe leichter ist, etwa durch Anfertigung von Gold- und Silbergeräthschaften[149]. «Das Geld ist gleichsam das Fett des Staatskörpers, wovon das Zuviel ebenso oft die Beweglichkeit des letztern hindert, wie das Zuwenig krank macht. Wie das Fett die Bewegung der Muskeln schmeidigt, in Ermangelung von Lebensmitteln ernährt, unebene Höhlungen ausfüllt, und den Körper verschönert: so beschleunigt im Staate das Geld dessen Bewegungen; es ernährt aus der Fremde in Zeiten der Theuerung; es gleicht Rechnungen aus vermöge seiner Theilbarkeit, und verschönert das Ganze, vor Allem die Personen, welche es in Menge besitzen.»[150] England bedarf in seinen Verhältnissen soviel Geld, wie die Hälfte aller Grundrenten, ein Viertel aller Hausmiethen und 1/52 aller Arbeiterausgaben im Jahre beträgt: weil die Grundrenten halbjährlich, die Hausmiethen vierteljährlich, die Arbeitslöhne wöchentlich gezahlt zu werden pflegen[151]. Aus diesem Grunde verwirft Petty alle Verbote der Geldausfuhr; er hält dieselbe auch in dem Falle für nützlich, wenn Waaren dafür zurückgebracht werden, die auch nur im Inlande mehr Werth haben, als das ausgeführte Geldquantum[152]. Rücksichtlich der Handelsbilanz sieht er richtig ein, dass die Schwankungen des Wechselcurses im natürlichen Zustande nie mehr betragen können, als die Kosten und Gefahren des Geldtransportes[153]. — Er schreibt übrigens den edlen Metallen, sowie auch den Edelsteinen einen höhern Grad von Reichthumsqualität zu, als anderen Waaren. Jene sind minder vergänglich, und haben zu allen Zeiten und an allen Orten Werth, wogegen z. B. Wein-, Korn-, Fleischvorräthe nur hier und dort als Reichthum gelten können. Daher sieht Petty allerdings solche Handelsgeschäfte, welche edles Metall einführen, als besonders vortheilhaft an, und will sie bei der Besteuerung vorzüglich geschont wissen. Aus demselben Grunde achtet er den auswärtigen Handel mehr, als den inländischen[154].

— Gegen die verderbliche Finanzmassregel nomineller Gelderhöhungen hat er mehrfach und lebhaft geeifert; ihre Folgen rücksichtlich aller Waarenpreise und Creditverhältnisse waren ihm dermassen klar, dass er meint, ein offen erklärter Staatsbankerott sei immer noch ein geringeres Uebel[155]. Uebrigens erkennt schon Petty, dass man als wirkliches Geld nur das eine der beiden Edelmetalle zu Grunde legen kann, das andere daneben als Waare umlaufen muss[156]. — Das Bankwesen ist ihm vorzüglich aus holländischen Erfahrungen bekannt. Er schreibt ihm die Wirkung zu, eine kleinere Geldsumme im Verkehr einer grössern äquivalent zu machen. Doch spielt dieser Gegenstand keine grosse Rolle in seinem Gedankenkreise[157].

Hinsichtlich der C o n s u m t i o n spricht unser Verfasser eine ebenso bedeutende, als wahre Meinung aus, deren lange vernachlässigter Kern erst in Malthus Schriften zur vollen Entfaltung gekommen ist: ich meine den Satz, dass jede Productionsvermehrung durch eine entsprechende Consumtionsvermehrung bedingt werde[158]. Petty unterscheidet nämlich zwei Volksklassen in Ireland: 184000 Familien, die nur in Hütten ohne Kamin oder höchstens mit einem Kamine wohnen, und 16000 vornehmere, die Häuser mit mehreren Kaminen besitzen. Die erste Klasse giebt dem Handel fast gar Nichts zu verdienen, da sie, mit alleiniger Ausnahme des Tabaks, alle ihre Bedürfnisse durch unmittelbare Hausarbeit befriedigt, und fast alle ihre Erzeugnisse selbst verbraucht. Nun fragt der Verfasser, ob es für das Gemeinwohl besser sein würde, die Ausgabe der Optimaten zu verringern, oder aber die Plebejer zum Luxus zu erziehen. Er entscheidet sich durchaus für das letztere: die Plebejer würden alsdann noch einmal so viel ausgeben, wie jetzt, aber auch noch einmal so viel verdienen, und das Ganze dadurch reicher werden; im erstern Falle würde nur, mit geringem Vortheile des Staates, die ohnehin weit verbreitete Schmutzigkeit des Lebens sich noch weiter ausbreiten. An einer andern Stelle verwirft er die Meinung, als wenn die Trägheit der Ireländer auf einer schlimmen Naturanlage beruhete. «Was brauchen Die zu arbeiten, welche sich mit Kartoffeln begnügen, worin die Arbeit eines Mannes 40 Menschen ernähren kann;..... und die ein Haus in drei Tagen erbauen können? Und warum sollten sie ein besseres, obschon arbeitsvolleres Leben wünschen, wenn man sie lehrt, dass diese Lebensart mehr den alten Patriarchen und neuen Heiligen ähnlich ist, durch deren Gebet und Verdienst sie erlöst werden sollen, und deren Beispiel sie daher nachahmen müssen? Warum sollten sie mehr Vieh züchten, da dessen Ausfuhr nach England verboten ist? Warum mehr Waaren hervorbringen, da keine Kaufleute da sind mit hinreichendem Kapital, sie ihnen abzukaufen, oder mit anderen, sie mehr ansprechenden Fremdwaaren, die man ihnen zum Tausch bieten könnte? Und wie sollten die Kaufleute Kapital haben, da der Handel durch Englands Gesetze verboten und gefesselt ist?»[159] — Dagegen bestreitet Petty die sehr gewöhnliche Ansicht, dass der A b s e n t e e i s m u s Irelands Armuth verschulde. Wenn ein Engländer in Ireland Güter kauft, und deren Rente in England verzehrt, so wird das irische Volksvermögen dadurch nicht mehr geschmälert, als das englische durch die Uebersendung des Kaufschillings. Wäre es möglich, die gekauften Grundstücke selbst nach England zu versetzen, so würden die übrigen, in Ireland gebliebenen, Ländereien dadurch nicht beeinträchtigt werden; wesshalb denn durch die blosse Zahlung der Renten ins Ausland? Ein Verbot des Absenteeismus, in allen Consequenzen ausgebildet, würde dahin führen, dass Jedermann auf der von ihm bebauten Scholle sitzen müsste; das wäre denn freilich eine allgemeine Gleichheit, aber nur die Gleichheit der Armuth, Verwirrung und Anarchie[160].

In der praktischen Nationalökonomie Pettys nimmt den Mittelpunkt ein seine lebhafte Vertheidigung der U n i o n zwischen Ireland und England. Ausser einer verhältnissmässigen Vertretung beider Länder in demselben Parliamente, verlangt er noch eine, durch wechselseitig starke Immigrationen bewirkte, Verschmelzung der beiden Völker. Der bisherigen Trennung wird eine Menge absurder Folgen nachgewiesen, theils politischer und juristischer, theils wirthschaftlicher Art. So z. B. dass die Unterthanen desselben Herrschers gleich Ausländern gegen einander Zölle bezahlen müssen; dass die Iren, wenn sie nach Amerika schiffen wollen, erst mit grossen Kosten und Gefahren auf der englischen Küste umzuladen gezwungen sind, und überhaupt in vieler Hinsicht mit dem Auslande näher verkehren, als mit England. Wäre es nicht ebenso klug, zwischen England und Wales, zwischen Süd- und Nordengland u. s. w. ähnliche Schlagbäume aufzurichten? [161] — Aus demselben Gesichtspunkte verwirft Petty das Stapelrecht gegenüber seinen K o l o n i e n, welches sich England vermittelst und seit der berühmten Schifffahrtsacte angemasst hatte[162]. Freilich wäre hiermit die ganze Grundlage damaliger Kolonialpolitik weggefallen!

Ich gedenke schliesslich noch der Petty'schen S t e u e r t h e o r i e. Was diese besonders anziehend macht, ist sein Bestreben, systematisch auf die Steuerquellen zurückzugehen[163]. Da er den Ertrag aller Kapitalien und Ländereien von England auf 3/8, den Arbeitslohn auf 5/8 des jährlichen Volkseinkommens anschlägt, so verlangt er, dass auch die Steuern zu 5/8 dem *people*, zu 3/8 dem *land and stock* aufgebürdet werden; das letztere wiederum soll man quotenweise auf die Häuser, Viehheerden, Mobilien u. s. w. vertheilen. — Eine zweckmässig angelegte Steuer kann dem Volksvermögen selbst unmittelbar nützen: wenn sie z. B. das Geld aus schlecht wirthschaftenden Händen wegnimmt, und in gut wirthschaftende überträgt; wenn sie Müssiggänger zur Arbeit nöthigt u. s. w.[164] Aus diesem Grunde ist Petty sehr für indirecte Steuern, wie sie in Holland vorherrschen. Die Menschen sollen nach ihren Ausgaben besteuert werden, nicht nach ihren Einnahmen; und zwar ist vorzugsweise die Consumtion rasch vergänglicher Waaren, als z. B. das Essen und Trinken, zu belasten[165]. Also dieselbe Ansicht, wie bei Hobbes: eine Ansicht, die überhaupt seit anderthalb Jahrhunderten als die in England volksthümliche gelten kann. — Die Verpachtung der Steuern wird gemissbilligt, «weil das Volk dabei doppelt so viel zahlen müsse, als der König empfängt.»[166] Aecht historisch und praktisch endlich ist der Vorschlag, in Ireland statt der Geldsteuern lieber Naturalabgaben (in Flachs) und Frohnarbeiten zu fordern[167]: weil das Land in seinem jetzigen, niedrig kultivierten Zustande Arbeit im grössten Ueberflusse, aber Mangel an Geld habe.

IX.
Der Freihändler North.

Zu den merkwürdigsten Schriften der vorsmithischen Zeit gehören ohne Zweifel des SIR DUDLEY NORTH *Discourses upon trade (London 1691. 4.)*: ein ebenso tief begründetes, wie consequent ausgeführtes System der Freihandels-Politik, und zwar in einem Zeitalter, wie man gewöhnlich annimmt, des finstersten Mercantilismus.

Sir Dudley war ein Bruder des Grafen von Guildford, der als Lord-Grosssiegelbewahrer unter Karl II. und Jacob II. durch seine gutmüthige Schwäche und Grundsatzlosigkeit eine so trübselige Rolle spielte[168]. Er selbst hatte den Kaufmannsstand erwählt, und eine Reihe von Jahren als Handlungsfactor zu Constantinopel und Smyrna zugebracht. Mit einem beträchtlichen Vermögen kehrte er heim, um seinen Levantehandel von London aus fortzusetzen. «Seine tiefe Kenntniss,» wie Macaulay sagt, «der Handelstheorie wie der Handelspraxis, und die Klarheit und Lebendigkeit, womit er seine Ansichten aussprach, liess ihn bald auch den Staatsmännern bemerklich werden. Die Regierung fand in ihm zugleich einen erleuchteten Rathgeber und einen gewissenlosen Sklaven. Denn mit seinen seltenen Geistesgaben waren laxe Grundsätze und ein fühlloses Herz verbunden. Er hatte sich zur Zeit der torystischen Reaction unter Karl II. zum Sheriff machen lassen, mit der ausdrücklichen Absicht, die Rache des Hofes zu unterstützen. Seine Juries hatten immer auf Schuldig erkannt. Zur Belohnung dafür war er Ritter, Alderman und *Commissioner of the Customs* geworden.» In das Parliament Jacobs II. gewählt, wusste er sich binnen wunderbar kurzer Zeit als Führer des Unterhauses in Finanzsachen geltend zu machen, und zwar völlig im Sinne der Regierung. — Dass ein solcher Mann durch den Umsturz des stuartischen Thrones in peinliche Angst gerathen konnte, begreift sich von selbst. Sein Buch scheint in der Hoffnung geschrieben zu sein, durch unzweifelhafte Verdienste seine compromittierte Stellung zu verbessern. Das Auffallende seiner Lehre von der Handelsfreiheit war ihm klar; er nennt sie «Paradoxen, nicht weniger fremd den meisten Menschen, als wahr in sich selbst.» (*Preface.*) Desshalb fingiert er auch aus Vorsicht, als wenn sein Buch von einem Freunde verfasst, und von ihm nur herausgegeben worden. Indessen mag er geglaubt haben, dass eine Revolution, deren Schiboleth «Freiheit und Eigenthum» lautete, die Lehre des Freihandels sehr günstig aufnehmen würde[169]. Darin irrte er sich aber sehr. In England hat gerade die Revolution zur höchsten Ausbildung des Schutz- und Prohibitivsystems beigetragen, sowohl dem Auslande, wie den eigenen Kolonien gegenüber. Welch ein Schrecken für unsern North! Ein Mensch von seinem Charakter hat es da gewiss bitter bereuet, unliebsame Wahrheiten in vortrefflicher Form publiciert zu haben. Das räthselhafte Verschwinden seines Werkes, über hundert Jahre lang, wird sich auf diese Art recht einfach erklären lassen[170].

Die ganze Schrift zerfällt in drei Abschnitte: Vorrede, Abhandlung über die Erniedrigung des Zinsfusses, Abhandlung über das gemünzte Geld; worauf dann noch in einem Postscript allerlei Anmerkungen nachgetragen werden. Wir stellen die Gedanken in einer mehr systematischen Ordnung zusammen.

R e i c h t h u m ist gleichbedeutend mit Freiheit von Mangel und Genuss vieler Annehmlichkeiten. Man könnte reich sein, und auf dem Wege des Handels über den Ueberfluss Anderer verfügen, auch wenn es gar kein Gold und Silber gäbe. Als Quelle des Reichthums wird der Fleiss genannt

(*commerce and trade first springs from the labour of man: p. 12*),
welcher Bodenfrüchte oder Gewerbserzeugnisse
hervorbringt. Unter diesen Gütern werden die Metalle,
unter den Metallen wiederum Gold und Silber vorzüglich
hoch geschätzt, weil sie von Natur sehr schön und seltener
sind, als die übrigen. Dass sie als allgemeines Verkehrsmass
gebraucht werden, rührt nicht etwa von Gesetzen her,
sondern von ihrem hohen Werthe bei geringer Quantität,
von ihrer Unzerstörbarkeit und Bequemlichkeit für
Aufbewahrung und Transport (p. 2 fg.). Sehr treffend
werden dem edlen Metalle selbst, sowie den,
bequemlichkeitshalber daraus geprägten, Münzen zwei
verschiedene Nützlichkeiten zugeschrieben: zuerst die, als
eine Art von Mass und Gewicht den Handel zu erleichtern;
sodann auch die, Kapitalersparnisse dauernd niederzulegen
(*a proper fund for a surplusage of stock to be deposited in: p. 16*).
Das G e l d ist eine Waare, an der sowohl Ueberfluss, wie
Mangel sein kann. (*Pref.*) Der Handel eines Volkes bedarf
jederzeit nur einer gewissen Geldmenge, die aber, je nach
den Umständen, bald grösser, bald kleiner werden muss. Im
Kriege z. B. wird das Geldbedürfniss grösser, weil
Jedermann für Nothfälle wünscht Vorrath zu haben; ganz
anders im Frieden, wo die Zahlungen sicherer sind. Und
zwar regulirt sich das Ebben und Fluthen des Geldes schon
von selbst, auch ohne Zuthun der Staatsmänner. Wenn das
Geld selten und aufgehäuft wird, so arbeitet die Münze, bis
sich die Lücke wieder gefüllt hat; und andererseits, wenn
der Friede jene Geldvorräthe herauslockt, und das Geld im
Ueberflusse circulirt, so hört nicht allein das Münzen auf,
sondern es wird auch der Ueberschuss des Geldes sofort
eingeschmolzen, bald zum einheimischen Gebrauche, bald
zur Ausfuhr. (*Postscr.*) Desshalb kann ein Volk weder zu
viel, noch zu wenig Geld für seinen gewöhnlichen Verkehr
haben. (*Pref.*) Gleichwohl pflegen die Menschen, wenn sie
von einer H a n d e l s s t o c k u n g heimgesucht werden[171],

über den Geldmangel, als deren Ursache, zu schreien. Wie thöricht ist das! Verlangt doch Niemand das Geld um seiner selbst willen; sondern z. B. der Bettler, um Brot dafür zu kaufen, der Pächter, um sein Korn, Vieh u. s. w. abzusetzen. Wo dieser Absatz unmöglich ist, da liegt immer eine der folgenden drei Ursachen zu Grunde: entweder Ueberfüllung des einheimischen Marktes; oder Störung des auswärtigen Verkehrs, etwa durch Krieg; oder endlich Abnahme des Verbrauchs durch Armuth. Es kann also die Stockung nicht durch Vermehrung der Geldmenge, sondern nur durch Beseitigung dieser Ursachen gehoben werden (p. 11 fg.).

Die herrschenden Ansichten über H a n d e l s b i l a n z konnte North begreiflicher Weise nicht theilen. Ihm scheinen die vielen Declamationen gegen den französischen, den ostindischen und den Metallbarrenhandel gleich unbegründet. (*Pref.*) Niemand ist um desswillen reicher, weil er sein Vermögen in Form von Geld, Silbergeschirr u. dgl. m. besitzt; ja er würde sogar ärmer werden durch das unmittelbare Liegenlassen solcher Güter. Derjenige ist am reichsten, dessen Vermögen im Wachsen begriffen (p. 11). Aehnlich bei ganzen Völkern. Das Geld, welches für Kriegszwecke ausgeführt wird, ist eine Verminderung, dagegen das im Handel ausgeführte Geld eine Vermehrung des Nationalvermögens. (*Pref.*) Denn der Handel ist weiter Nichts, als ein gegenseitiger Austausch des Ueberflüssigen (p. 2). Wie thöricht es ist, die Ausfuhr der edlen Metalle zu verbieten, zeigt sich am deutlichsten, wenn man denselben Grundsatz auf die Verhältnisse eines einzelnen Kaufmanns oder einer einzelnen Stadt überträgt. Eine Stadt, welche nur Waaren, nicht aber Geld ausführen dürfte, würde sehr bald von allem Verkehre abgeschnitten sein, und dadurch ins Elend gerathen. In Handelssachen aber verhalten sich die einzelnen Nationen zur Welt ganz ebenso, wie die einzelnen Städte zum Reiche, die einzelnen Familien zur Stadt

(p. 13 fg.). Im Handel bildet die ganze Welt nur Ein Volk, und die einzelnen Nationen sind die Individuen dieses Volkes. Der Verlust eines Handels mit einer Nation muss demnach als eine entsprechende Einbusse vom Handel der ganzen Welt betrachtet werden. (*Pref.*) Daher ist denn auch die Einfuhr von Geld an sich nicht vortheilhafter, als z. B. die Einfuhr von Holzklötzen; höchstens wäre der Unterschied von Bedeutung, dass man das Geld, wenn man zu viel davon haben sollte, leichter transportieren kann. Kein Staat braucht desshalb für seinen Geldvorrath ängstlich besorgt zu sein. Ein reiches Volk wird nie daran Mangel leiden (p. 17). — Hiermit hängt es zusammen, dass North auch dem B i n n e n h a n d e l die gebührende Ehre zollt. Der gewöhnlich s. g. Reichthum (*plenty, bravery, gallantry*) kann zwar nicht ohne auswärtigen Handel aufrecht erhalten werden; ebenso wenig aber der auswärtige ohne Binnenhandel. Beide stehen im Zusammenhange (p. 15 fg.)

Zwischen Grundrente und K a p i t a l z i n s glaubt der Verfasser einen genauen Parallelismus wahrzunehmen. Das s. g. *Interest* ist weiter Nichts, als *Rent for stock*; der *Stock-lord* entspricht dem *Land-lord*. Das Einkommen beider weiss North nur dadurch zu erklären, dass sie von ihrem überflüssigen Boden und Kapitale an Solche vermiethen, welche dessen bedürftig sind. Hierbei hat jedoch der Grundbesitzer einen Vorzug vor dem Kapitalisten: dass nämlich sein Miether nicht im Stande ist, das Grundstück zu stehlen. Dieser grössern Sicherheit wegen muss die Grundrente niedriger stehen, als der Kapitalzins. Die Höhe des letztern, wie der Preis einer jeden Waare, hängt von der verhältnissmässigen Zahl der Borger und Darleiher ab. Man kann daher nicht sagen, dass ein niedriger Zinsfuss den Handel vergrössert; sondern ein Handel, welcher das Kapital des Volkes vergrössert, macht den Zinsfuss niedrig

(p. 4 fg.). Alle Zwangsgesetze zur Herabdrückung des Zinsfusses werden von North gemissbilligt. Gerade ein hoher Zinsfuss bringt alles vorhandene Geld, das sonst vielleicht im Kasten versteckt, oder zu Schmuck u. s. w. verwandt worden wäre, in den Handel. Auch kann bei Darlehen von sehr verschiedener Sicherheit unmöglich derselbe Zinsfuss angemessen sein. Ein Zwang in dieser Hinsicht würde mehr dem Luxus zu Gute kommen, als dem Handel, weil die grosse Mehrzahl der Darlehen verschwenderischen Gutsherren zur Beförderung ihrer Consumtion gemacht werden. Man sollte daher den vielgepriesenen Holländern namentlich darin folgen, dass man die Bestimmung der Zinshöhe ganz dem freien Verkehre zwischen Gläubiger und Schuldner überliesse. In einem armen Lande muss der Zinsfuss hoch sein; Gesetze, um diess zu hindern, würden unfehlbar umgangen werden; denn z. B. durch Waarenkäufe auf Zeit ein Anlehen zu ganz beliebigem Preise zu machen, kann die Gesetzgebung nimmermehr verhindern (p. 6 ff.). Wäre kein Umgehen des Verbotes möglich, so würde der Handel selbst verringert werden: denn wo kein gehöriger Zinsfuss, da hört das Borgen und Leihen auf (p. 8).

Auch in anderen Stücken ist North für Handelsfreiheit. Die meisten Irrthümer in Handelssachen rühren daher, dass die Einzelnen ihr unmittelbares Privatinteresse für den allgemeinen Massstab des Guten und Bösen halten. Und da giebt es Viele, welche, um in ihrem eigenen Handel etwas zu gewinnen, gar nicht bedenken, wie viel Andere dabei leiden. Jedermann, der etwas zu verkaufen hat, möchte die Uebrigen gesetzlich angehalten sehen, ihm hohe Preise zu bezahlen; während er selber durchaus nicht gemeint ist, von den Vortheilen des freien Marktes irgend etwas einzubüssen. Nun ist aber jede Gunst, welche dem einen Handelszweige oder Interesse gegenüber dem andern zu Theil wird, ein Missbrauch, und schmälert in entsprechender Weise den Nutzen des Publicums. Wenn man die Menschen zwingt, nach Vorschrift zu verkehren, so mag diess für Diejenigen, welche sie bedienen, vortheilhaft sein; aber der Staat gewinnt dadurch Nichts, weil dem einen Unterthanen so viel genommen, wie dem andern gegeben wird. Kein Handel kann für das Publicum unvortheilhaft sein; denn wenn er es sein sollte, so würden die Menschen ihn aufgeben. Wo immer die Kaufleute gedeihen, da gedeihet auch das Publicum, von welchem sie einen Theil bilden. Kein Gesetz kann dem Handel seine Preise vorschreiben; diese müssen und werden sich selbst bestimmen; oder wenn das Gesetz ja Wirkung thut, so ist es ein Hinderniss für den Handel, und somit schädlich. (*Pref.*) Aus allen diesen Gründen ist noch kein Volk durch Staatsmassregeln reich geworden; sondern Friede, Fleiss und Freiheit sind es, die Handel und Reichthum verschaffen: Nichts Anderes. (*Postscr.*) Wenn der Friede gewahrt, gute Justiz aufrecht erhalten, die Schifffahrt nicht gefesselt, die Gewerbetreibenden ermuthigt werden, indem man sie, je nach ihrem Vermögen und Charakter, an den Ehren und Anstellungen der Regierung Theil nehmen lässt: so wird das Kapital des Volkes wachsen, und folglich Gold und Silber im Ueberflusse vorhanden, der Zinsfuss niedrig sein, und das Geld nicht fehlen können (p. 22 fg.). — Ganz besonders eifert North gegen L u x u s g e s e t z e, die insgemein bloss in armen Ländern gefunden werden, und als Mitursache dieser Armuth zu betrachten sind. Die unbeschränkten Gelüste der Menschen sind der vornehmste Sporn zur Thätigkeit (*industry and ingenuity*); wollten sich die Menschen an dem unbedingt Nothwendigen genügen lassen, so würden wir eine arme Welt haben. Ein Gesetz welches die Menschen zwingt, ihre Ausgaben enger zu beschränken, als sie von selbst gethan hätten, muss sie zugleich von derjenigen Thätigkeit abschrecken, welche sie sonst zur vollen Befriedigung ihrer Wünsche entwickelt haben würden (p. 14 fg. *Postscr.*).

Die Rathschläge, welche North in den, damals so dringenden[172], Fragen der M ü n z p o l i t i k ertheilt, stimmen mit seiner Theorie der Verkehrsfreiheit vollständig zusammen. So nennt er jede Münzverschlechterung, mag sie im Schrote oder im Korne geschehen, einen Betrug, welcher den Gläubigern zu Gunsten ihrer Schuldner Nachtheil bringt, aber dem Volksvermögen nicht den mindesten Vortheil. Denn bloss Namen werden hier geändert; das Einzige aber, worauf es bei Münzen ankommt, ist ihr innerer Werth. (*Pref. Postscr.*) Dessgleichen erklärt er sich mit starken Worten gegen das englische Herkommen, die Münzen ohne Schlagschatz zu prägen: diess sei eine stete Bewegung, um unaufhörlich einzuschmelzen und zu münzen, und so die Goldschmiede und Münzer auf Kosten des Publicums zu füttern. (*Pref. p. 11. 18.*)

Diess der Hauptinhalt des merkwürdigen Buches, zu dessen Charakteristik und Lobe ich nichts Besseres zu sagen weiss, als dass es, mit äusserst wenigen und geringfügigen Aenderungen, ohne im Mindesten aufzufallen, ein Kapitel des Adam Smith'schen *Wealth of Nations* bilden könnte, mit ähnlichen Vorzügen, ähnlichen Fehlern. Auch die Form ist in ihrer Weise ansprechend: schmucklos und ungezwungen, aber von derber Männlichkeit und geistreicher Kürze. Der Verfasser hätte fürwahr nicht nöthig gehabt, sich in der Vorrede weitläufig darüber zu entschuldigen, dass er in so einfacher Sprache und ohne viel logisches Gerüst geschrieben. Wenn er sich übrigens rühmt, seinen Gegenstand «philosophisch» erfasst zu haben, so denkt er bei diesem Ausdrucke an die *philosophia nova*, welche im 17. Jahrhundert eine so glänzende Rolle gespielt, und zumal die Naturwissenschaften so mächtig reformiert hat. «Die alte Philosophie hatte mehr mit Abstractionen verkehrt, als mit Wahrheiten, und war damit beschäftigt gewesen, Hypothesen zu bilden, um einen Ueberfluss von zweifelhaften und ungreifbaren Principien zu schaffen: wie z. B. der gerade oder oblique Lauf der Atome *in vacuo*, Materie und Form, Privation, feste Sphären, *fuga vacui* und manche von ähnlicher Art, wodurch man über Nichts Gewissheit bekam. Aber nach dem Erscheinen von Descartes vortrefflicher Schrift *De methodo*, die in unseren Tagen so viel Billigung und Anklang findet, lösten sich alle diese Chimären bald auf und verschwanden. Und seitdem ist unsere Kenntniss grossentheils eine mechanische geworden: ein Wort, das ich nicht weiter zu erklären brauche, als dass es hier bedeutet, auf klare und einleuchtende Wahrheiten gebaut.» (*Pref.*)[173] Es ist also die bekannte wissenschaftliche Richtung gemeint, welche durch Bacon eröffnet, durch Cartesius besonders mathematische Arbeiten fortgesetzt, in den *philosophical Transactions* der Londoner königlichen Gesellschaft ausgebreitet worden ist, um in Newtons *Principia philosophiae naturalis mathematica* (1687) ihren Gipfel zu erreichen. Eine Richtung, zu deren würdigen Vertretern, und zwar auf dem für uns nächstliegenden Gebiete, Sir William Petty und Sir Dudley North gehören.

X.
Der Philosoph Locke.

Wie gross die Fortschritte sind, welche die englische Volkswirthschaftslehre während des 17. Jahrhunderts gemacht hatte, lässt sich am deutlichsten erkennen aus einer Vergleichung des JOHN LOCKE (1632 bis 1704) mit dem Francis Bacon. Jener ist an nationalökonomischer Specialität dem letztern wohl ebenso sehr überlegen, wie er an philosophischer Universalität ihm nachsteht. Uebrigens können dieselben Eigenthümlichkeiten, welche Lockes Wirksamkeit und Ruf in der Geschichte der Philosophie begründet haben, auch in seinen nationalökonomischen Schriften leicht nachgewiesen werden: nämlich einerseits ein strenger Empirismus, eine nüchterne Beobachtung und Analyse der Thatsachen im Einzelnen, allem Idealismus und Rationalismus entgegengesetzt; und dann doch zugleich ein lebhaftes Trachten nach dem letzten Grunde aller Erkenntniss, das sich bei der zufälligen Vielheit der s. g. angeborenen Wahrheiten nicht beruhigen mochte, und ihn zum Vorläufer unsers Kant erhebt. So hat er denn auch auf dem volkswirthschaftlichen Gebiete eine Menge halbwahrer Behauptungen und Voraussetzungen, die ein Schriftsteller dem andern nachbetete, ihrer halbverständlichen Phraseologie entkleidet, und auf scharf beobachtete, streng analysierte Thatsachen zurückgeführt. Er ist der Gegner alles volkswirthschaftlichen Aberglaubens! Während aber die meisten früheren Nationalökonomen nur ganz einzelne, praktische Fragen erörterten, wirft sich Locke mit besonderem Interesse auf die allgemeinsten theoretischen Grundlagen der Wissenschaft, auf diejenigen Theile der Nationalökonomie, welche zunächst an das Gebiet der Psychologie angränzen; und er behandelt sie mit überraschender Vollständigkeit. Locke ist der früheste grosse Systematiker der Volkswirthschaft, und insofern ein würdiger Vorläufer von Adam Smith! — Dass sich endlich auch in seinen nationalökonomischen Werken der Geist der englischen Revolution nicht verleugnet, bedarf bei dem berühmten Opfer der Tyrannei Jacobs II., dem vielgelobten und vielgetadelten Prediger der Toleranz, dem Vater des englischen Deismus kaum der Erwähnung.

Bei aller Vorliebe des Verfassers für die Theorie, sind doch die umfangsreichsten nationalökonomischen Arbeiten Lockes durch eine praktische Frage veranlasst worden. *Some considerations of the consequences of the lowering of interest and raising the value of money. In a letter sent to a member of parliament. 1691. Further considerations concerning raising the value of money. 1698.* Derjenige Theil der ersten Abhandlung, welcher die Folgen einer gesetzlichen Zinserniedrigung bespricht, ist nach den Aeusserungen der Vorrede ungefähr zwanzig Jahre vor der Publication geschrieben: d. h. wahrscheinlich unter dem Eindrucke, welchen der Streit zwischen Sir Josiah Child und seinen Gegnern hervorbrachte[174]. Die s. g. Erhöhung des Geldwerthes aber war in den ersten 7 Regierungsjahren Wilhelms III. ein sehr gewöhnlicher Gegenstand öffentlicher Debatten. Das englische Münzwesen befand sich in einer so traurigen Lage, dass Ludwig XIV. von ihr den Untergang der damaligen Regierung hoffte. Im Vergleich mit dem Silber war das Gold von Staatswegen viel zu hoch taxiert, und eben desshalb die vollwichtigen Sibermünzen grösstentheils ausgeführt worden. Im Lande selber cursierten nur beschnittene Silbermünzen, neben welchen die neu ausgegebenen guten sofort verschwanden. Alle Waarenpreise hatten sich hiernach gesteigert, und der inländische Credit war ebenso sehr verwirrt, wie der Verkehr mit dem Auslande. Unter den mannichfachen

Rathschlägen damaliger Zeit, wie dem Uebel abzuhelfen, zeichnete sich die Schrift eines Schatzbeamten, W i l l i a m L o w n d e s, aus: *An essay for the amendment of the silver coins* (1695), worin eine Erleichterung des Münzfusses um etwa 24 Procent empfohlen wurde. Dem widersetzte sich nun Locke auf das Entschiedenste: es sei weiter nichts erforderlich, als ein Gesetz, dass alles beschnittene Geld nur nach dem Gewichte gegeben und genommen würde. Hierdurch müsste das fernere Kippen sofort aufhören, das vollwichtige Geld wieder zum Vorscheine kommen, und der Verkehr würde keinen Augenblick an Geldmangel leiden. Am Schlusse fasst er den praktischen Inhalt der Abhandlung mit folgenden Worten zusammen. «Ich sehe nicht den mindesten Grund, warum unser jetziges vollwichtiges Geld im Korne, Schrote oder Werthe irgend verändert werden sollte. Ich halte es für das beste und vor Nachmachen, Fälschen oder Kippen sicherste, das je geprägt worden. Es ist unseren gesetzlichen Zahlungen, Rechnungen u. s. w. angepasst. Eine Erhöhung seines Nennwerthes würde weder seinem Gehalte etwas zusetzen, noch unsern Geldvorrath unseren Umständen angemessener machen, noch einen Gran Silbers mehr nach England bringen, noch dem Publicum für einen Heller nützen; sie würde nur dazu dienen, den König und eine grosse Menge seiner Unterthanen zu betrügen, alle zu verwirren, und dem Staate die ganz unnöthigen Kosten einer allgemeinen Umprägung, sowohl des vollwichtigen, wie des beschnittenen Geldes, aufbürden.» Lockes Rath war insofern erfolgreich, als bei der grossen Neumünzung von 1696 bis 1698 der bisherige Münzfuss beibehalten wurde. — Ausser diesen beiden Abhandlungen sind noch für unsern Zweck wichtig: das Kapitel *Of property* in den *Treatises of government* (II, 5); der *Report of the board of trade to the Lords Justices, respecting the relief and employment of the poor*[175]; endlich die Einleitung zu dem, 1704 erschienen, Werke: C h u r c h i l l s

Collection of voyages, welches eine kurze Geschichte der Schifffahrt enthält. Locke preist hierin vorzüglich den Nutzen der Entdeckungsreisen.

Von der grössten, wirklich fundamentalen Bedeutung für die Volkswirthschaftslehre sind vor Allem die Ansichten Lockes über den U r s p r u n g d e s P r i v a t e i g e n t h u m s[176]. Die Erde, meint er, ist dem menschlichen Geschlechte, nach Vernunft und Bibel, als Gemeingut verliehen. (25.) Da indessen Jedermann der ausschliessliche Eigenthümer seiner Person und Arbeit ist, so kann er Dasjenige, was er durch seine Arbeit von der Erde gleichsam losmacht, also mit seiner Arbeit verschmilzt, für sich erwerben; mindestens so lange, als für die anderen Theilnehmer der Gemeinschaft noch genug übrig bleibt. (27.) Es ist ja auch ohne eine solche Appropriation gar keine Benutzung des Gemeingutes denkbar. (26. 28.) Das Wasser im Quell mag Allen gehören; sowie es im Kruge ist, gehört es Dem, welcher es geschöpft hat. (29.) Mehr freilich, als er gebrauchen kann, darf sich Niemand aneignen; denn zum Aufnehmen und Verderbenlassen hat Keiner ein Recht. (31.) Dasselbe gilt vom Grunde und Boden: was Jeder bebauete, das konnte er sich auch aneignen. (32 fg.) Und es blieb im Anfange, ja selbst heutzutage, für die Uebrigen noch reichlich genug. (38. 45.) «Gott selber, indem er gebot, die Erde zu unterwerfen, erlaubte, sie in soweit zum Eigenthume zu machen; und die Bedingung des menschlichen Lebens, welches Arbeit und Arbeitsmaterialien erfordert, musste nothwendig zum Privatbesitz führen.» (35.) «Auch ist es nicht so auffallend, wie es beim ersten Blicke scheinen kann, dass das Eigenthum der Arbeit im Stande sein sollte, die Gemeinschaft des Bodens zu überwiegen. D e n n e s i s t d i e A r b e i t i n d e r T h a t , w e l c h e j e d e r S a c h e i h r e n v e r s c h i e d e n e n W e r t h g i e b t . Man bedenke nur, was der Unterschied ist zwischen einem Acker Landes, welcher mit Tabak oder Zucker bepflanzt, mit Weizen oder Gerste besäet ist, und einem Acker desselben Landes, aber ungeurbart; und man wird finden, dass die Verbesserung durch Arbeit den bei Weitem grössern Theil des Werthes bildet. Ich denke, es wird eine sehr mässige Schätzung sein, dass von den, für das menschliche Leben nützlichen, Bodenproducten 9/10 Arbeitsresultate sind; ja, wollen wir die Dinge richtig würdigen, sowie sie in unsern Gebrauch kommen, und berechnen die verschiedenen Ausgaben, was rein der Natur, und was der Arbeit verdankt wird: so werden wir finden, dass in den meisten 99 Procent völlig auf Conto der Arbeit kommen.» (40. 43.) Zum Beweise erinnert Locke an die amerikanischen Häuptlinge, welche ein grosses, fruchtbares Land besitzen, wie Könige, aber schlechter essen, wohnen und sich kleiden, als ein englischer Tagelöhner. (41.) «Was Brot mehr werth ist, als Eicheln, Wein mehr als Wasser, Tuch oder Seidenzeug mehr als Blätter, Häute oder Moos, das ist völlig der Arbeit und Industrie zuzuschreiben.» (42.) — Weiterhin bildet die Erfindung des Geldes eine Epoche in der Geschichte des Eigenthumsrechtes. Die meisten Güter, nach welchen die Menschen ursprünglich trachteten, waren schnell vergänglich, wie z. B. Lebensmittel. Von diesen Vorräthe zu sammeln, die hernach verdarben, war Keiner berechtigt; wohl aber durfte man vergängliche Waaren an Andere geben, und die dafür eingetauschten, dauerhafteren Güter (etwa Nüsse statt Pflaumen) zu langwährendem Gebrauche aufbewahren. Diess hängt ganz mit dem Grundsatze zusammen, dass man besitzen darf, was man erarbeitet hat und gebrauchen kann. Zu jenen dauerhaften Gütern ist nun vorzüglich das edle Metall zu rechnen. (46 fg.) Die Erfindung des Geldes aber gab den Menschen, deren verschiedene Arbeitsfähigkeit auch eine verschiedene Erwerbsfähigkeit begründete, Gelegenheit, ihren Erwerb zu bewahren und zu erweitern. Wo kein Geld existiert, wo es also keine Sache giebt, welche dauerhaft und selten, und werthvoll genug ist, um aufgehäuft zu werden, da sind die Menschen gewiss nicht geneigt, ihren Landbesitz über dasjenige hinaus zu erweitern, was zum Verbrauche ihrer Familie benutzt werden kann. Was würden 10000, ja 100000 Aecker des besten Landes, angebaut und mit Vieh versehen, in der Mitte Amerikas werth sein, wo der Eigenthümer nicht hoffen dürfte, durch Verkauf seiner Producte von Anderen Geld zu erhalten? (48.)

Während Locke also, nächst Hobbes und Petty, zu den frühesten Vertretern jener national-englischen Ansicht von Werth und Reichthum gehört, welche ihren Gipfel in Ricardo und dessen Schule erreicht hat, finden sich bei ihm doch immer noch Anklänge an die Meinung, als wenn nur eine s. g. günstige H a n d e l s b i l a n z wahrhaft bereichern könnte. *Spending less, than our own commodities will pay for, is the sure and only way for the nation to grow rich*[177]. *Riches are got ... by consuming less of foreign commodities, than what by commodities or labour is paid for. (II, 12.) In a country, not furnished with mines, there are but two ways of growing rich, either conquest, or commerce. (p. 8.)* Hiermit hängt denn auch die gründliche Untersuchung zusammen, welche p. 10 ff. über die Handelsbilanz geführt wird.

Sehr ausgebildet ist die Locke'sche P r e i s t h e o r i e. «Alle Dinge, welche gekauft oder verkauft werden, haben einen höhern oder niedrigern Preis, im Verhältnisse, als mehr Käufer oder Verkäufer da sind. Viele Käufer und wenige Verkäufer machen theuer; viele Verkäufer und wenige Käufer machen wohlfeil. Der Werth einer Sache, mit sich selbst oder mit einem festen Masse verglichen, ist um so grösser, je geringer ihre Quantität ist im Verhältnisse zum Absatze (*vent*); wenn man sie aber mit einer andern Sache vergleicht oder vertauscht, so muss auch deren Menge und Absatz bei

118

der Berechnung ihres beiderseitigen Werthes berücksichtigt werden. Das Vorhandensein, die Vermehrung oder Verminderung einer guten Eigenschaft in einer Waare kann den Preis derselben nur insofern erhöhen oder erniedrigen, als dadurch Quantität oder Absatz, im Verhältnisse zu einander, grösser oder kleiner werden.« (p. 20 fg.) Was wir heutzutage Gebrauchswerth nennen, heisst bei Locke «natürlicher, innerer Werth,» und er definiert diesen als die Fähigkeit einer Sache, der Nothdurft oder Annehmlichkeit des menschlichen Lebens zu dienen. Er leugnet aber entschieden, dass irgend eine Sache einen solchen Gebrauchswerth habe, um eine bestimmte Menge derselben unwandelbar einer bestimmten Menge von einer andern Sache gleichwerth zu machen (p. 22). Wohl giebt er dagegen zu, dass der Absatz jeder Waare von ihrer Nothwendigkeit oder Nützlichkeit nach der, oft freilich sehr launenhaften, Meinung der Menschen abhängt (p. 16). Als Beispiel zu diesen Regeln führt schon Locke das Wasser an, das unentbehrlich ist, aber doch nur da einen Preis erlangt, wo seine Menge der Consumtion gegenüber sehr gering geworden. Falls man im Weizen die neue Eigenschaft entdeckte, die Steinkrankheit zu heilen, so würde er dadurch allerdings nützlicher, aber gewiss nicht theuerer werden, da sich das Verhältniss von Absatz und Menge wohl schwerlich dadurch veränderte. So ist der Hopfen regelmässig in den Jahren am theuersten, wo er am schlechtesten ist (p. 21 fg.) — Das Bedürfniss eines unveränderlichen Preismasses hat Locke in weit höherm Grade befriedigt, als Petty. Das vornehmste Brotkorn, sagt er, in England also der Weizen, ist das geeignetste Preismass für lange Zeiträume, insbesondere um ewige Renten danach zu bestimmen. Von Jahr zu Jahr freilich, wegen der Verschiedenheit der Ernten, schwankt es stark im Preise. Fasst man aber 7 oder 20 Jahre zusammen, so leuchtet ein, dass der Weizen keiner Mode unterworfen ist, nicht durch

Zufall wächst, vielmehr seine Production so genau, wie irgend möglich, auf die Consumtion berechnet wird. Mit dem Gelde ist es umgekehrt. Weil sein Absatz immer derselbe ist, und seine Menge sich nur langsam ändert, so kann es für wenige Jahre den veränderten Werth anderer Waaren am besten messen. Dagegen hat es jetzt z. B. nur ein Zehntel des Werthes, wie vor 200 Jahren (p. 24).

Hinsichtlich des G e l d e s hat Locke viel Schönes und viele Irrthümer durch einander vorgetragen. Er äussert geradezu, dass es eine Waare ist, wie andere Waaren (p. 19). Der wichtigen Frage vom Geldumlaufe widmet er in gewissen Beziehungen allerdings die nöthige Aufmerksamkeit. In jedem Lande, meint er, ist soviel Geld erforderlich, um den Credit der Grundbesitzer, der Arbeiter und Kaufleute aufrecht zu halten. Wie viel aber dazu gehört, ist schwer zu bestimmen; weil es nicht bloss von der Menge des Geldes, sondern auch von der Schnelligkeit seines Umlaufes abhängt. Derselbe Schilling kann zu einer Zeit in zwanzig Tagen zwanzig Menschen bezahlen, während er zu einer andern Zeit hundert Tage lang in einer Hand bleibt. Wenn z. B. die Arbeiter allwöchentlich abgelohnt werden, so ist für diesen Zweig des Verkehrs offenbar weniger Geld nöthig, als wenn die Ablöhnung in längeren Zwischenräumen erfolgte. In England schätzt Locke hiernach den Geldbedarf ungefähr auf 1/50 der jährlichen Arbeitslöhne, 1/4 aller Grundbesitzereinkünfte und 1/20 dessen, was die Kaufleute jährlich in baarem Gelde einnehmen.[178] Allerwenigstens muss die Hälfte dieser Beträge immer baar vorhanden sein, wenn der Verkehr nicht stocken soll (p. 13 ff.). Eine Beschleunigung des Umlaufes, indem z. B. die Pachtschillinge in kürzeren Terminen bezahlt werden, ist insoferne sehr wünschenswerth, als dadurch eine grosse Geldersparniss möglich wird (p. 14). Aus diesem Grunde missbilligt es Locke sehr, wenn die Zahl der kaufmännischen

Vermittler das wahre Bedürfniss übersteigt; wenn Spieler u. s. w. dem eigentlichen Verkehre Geld entziehen; vor Allem aber räth er, die Manufacturen zu begünstigen, zumal solche, bei denen es hauptsächlich auf Arbeit ankommt, weil diese ihren Umsatz verhältnissmässig mit der wenigsten Baarschaft besorgen können (p. 15). — Mit diesen Ansichten steht es denn freilich in starkem Widerspruche, wenn fortwährend behauptet wird, der Preis des Geldes hänge bloss von seiner Häufigkeit oder Seltenheit ab, verglichen mit der Häufigkeit oder Seltenheit der anderen Güter (p. 16). Denn, weil das Verlangen nach Geld fast immer und überall dasselbe ist, so variiert sein Absatz äusserst wenig. Seine grössere Seltenheit erhöhet seinen Preis, und vermehrt das Gedränge danach, weil es nichts Anderes giebt, was leicht den Mangel des Geldes ersetzen könnte[179]; daher muss die Verminderung seiner Menge immer bewirken, dass ein gleiches Quantum Geld ein grösseres Quantum anderer Sachen eintauscht (p. 21). Da Jedermann bereit ist, in unbegränzter Weise Geld anzunehmen und zu behalten (*because it answers all things*), so ist der Absatz des Geldes immer hinreichend, und mehr, als genug. Desshalb reicht seine Menge allein schon hin, seinen Werth zu bestimmen, ohne, wie bei anderen Waaren, irgend ein Verhältniss zwischen Menge und Absatz zu berücksichtigen (p. 23). Wenn sich der englische Geldvorrath um die Hälfte verringerte, so würde entweder die Hälfte der Renten nicht bezahlt, die Hälfte der Waaren nicht verkauft, die Hälfte der Arbeiter nicht beschäftigt werden: oder ein Jeder müsste sich mit der Hälfte des früher gewohnten Geldes begnügen (p. 25). Ja, Locke lässt sich sogar zu der crass unrichtigen historischen Behauptung hinreissen, weil es jetzt 10mal so viel Silber in der Welt gebe, als vor der Entdeckung Amerikas, so gelte jedes einzelne Silberquantum, unverändert gebliebenen Waaren gegenüber, nur 1/10 so viel, wie damals (p. 24). Eine wahre Bereicherung sieht er in dieser Geldvermehrung nicht; denn nicht der absolute Besitz vielen Goldes und Silbers macht reich, sondern nur das relative Vielhaben, im Vergleich mit anderen Völkern (p. 8. 74). Am besten wird Lockes Ansicht durch das Bild bezeichnet, dass Geld in der einen, die mit Gelde zu kaufenden Waaren in der andern Schale einer grossen Wage liegen, und beide Schalen stets im Gleichgewichte sein müssen. Vermehrt sich also die Geldmenge, so entspricht jedes einzelne Stück einer geringern Menge von anderen Waaren, und umgekehrt (p. 16). Ein isoliertes Land würde desshalb seinen Verkehr mit jeder Geldmenge ziemlich gleich gut betreiben können (p. 25).

Den innern Werth der Münzen weiss Locke übrigens von ihrer äussern Stempelung vollkommen zu unterscheiden, und ereifert sich in beiden Abhandlungen mit ebenso viel sittlicher, wie wissenschaftlicher Energie wider die Massregeln des *raising the value of money*, welche damals so viel empfohlen wurden[180]. «Der Preis der Dinge wird immer nach der Menge Silbers geschätzt werden, die im Tausche dafür gegeben wird; und wenn man das Gewicht der Münzen vermindert, so muss man ihre Zahl vermehren. Das ist das ganze grosse Geheimniss des *raising money*!» (p. 56.) «Das Ausprägen von geringeren Münzen unter gleichem Namen, wie früher, ist weiter Nichts, als ein Kippen von Staatswegen. Der Unterschied liegt nur darin, dass beim Kippen Niemand zu einem Verluste gezwungen wird (es braucht ja Niemand beschnittenes Geld anzunehmen!), während diess bei der obrigkeitlichen Münzänderung allerdings geschieht.» (p. 73.) Locke macht darauf aufmerksam, dass jede solche Operation auch das Vermögensverhältniss zwischen Gläubigern und Schuldnern verändert, wovon der Staat doch gar keinen Vortheil zieht (p. 68). Und wer einen wirklichen Mangel an Tauschwerkzeugen durch Geldverschlechterung heilen wollte, der würde ebenso thöricht handeln, als wenn er einem Tuchmangel, etwa bei der Armee, durch Verkleinerung der Ellen begegnete (p. 88). — Den Nutzen der Prägung findet Locke sehr richtig in der Schwierigkeit des jedesmaligen Abwägens und Probierens bei Zahlungen begründet (p. 44). Mit der Einsicht, dass zwei verschiedene Metalle nicht zugleich gesetzliche Zahlungsmittel sein können, geht er den Praktikern seiner Zeit beträchtlich voraus; denn die englische Gesetzgebung ist bekanntlich erst 1816 dahin gekommen. Das zu niedrig geschätzte Metall wird entweder müssig im Kasten verschlossen, oder von Fremden ausgeführt; oder endlich das ganze Gesetz lässt sich nicht geltend machen. Es ist ebenso unmöglich, zwei Dinge unwandelbar in demselben Preisverhältnisse zu einander zu erhalten, wie zwei Dinge im Gleichgewichte zu behaupten, deren wechselnde Schwere von verschiedenen Ursachen abhängt. Wenn ein Schwamm und ein Stück Silber heute gleichviel wiegen, so wird doch mit jedem veränderten Grade der Luftfeuchtigkeit das Silber bald steigen, bald fallen (p. 49 ff.). Uebrigens erklärt sich Locke für das Silber, als das geeignetste Metall der Landesmünze (p. 50. 76). Er ist, wie North, ein Gegner der seit 1666 in England herrschenden Praxis, alle Prägungskosten auf den Staat zu nehmen: das einzige Mittel, die unproductive Einschmelzung der Münzen durch Goldschmiede u. s. w. wirklich zu hindern, sei ein mässiger Schlagschatz (p. 99). An leichtsinnigen Aenderungen des Münzwesens hat Locke namentlich auch die Folge auszusetzen, dass sie den gemeinen Mann, welcher nicht zu rechnen versteht, in seiner ökonomischen Begriffswelt irre machen (p. 95).[181]

Wie man heutzutage von den drei grossen F a c t o r e n d e r G ü t e r e r z e u g u n g und von den auf sie begründeten drei H a u p t z w e i g e n d e s V o l k s e i n k o m m e n s redet: so theilt schon Locke das

Volk in wirthschaftlicher Hinsicht in vier Hauptklassen ein: die Grundbesitzer, deren Land die Materialien liefert; die Arbeiter, welche sie verarbeiten; die Vermittler (*brokers*), d. h. Gross- und Kleinhändler, welche sie unter die Consumenten vertheilen; endlich noch diejenigen, welche überall nicht zum Handel beitragen, als Studierende, Frauen, Spieler, Herrendiener u. s. w. (p. 12. 15).

Die Begriffe G e l d u n d K a p i t a l weiss er noch gar nicht recht von einander zu scheiden. Namentlich fliessen ihm Preis des Geldes und Zins des Kapitals gar häufig zusammen (p. 5 fg.). Statt *capital* sagt er immer *money*. So schreibt er p. 17 dem Gelde einen doppelten Werth zu: einmal auf dem Wege des Tausches Bedürfnisse zu befriedigen; sodann durch seinen Zins ein jährliches Einkommen zu gewähren. Die Zinsfähigkeit ist eine durch Vertrag oder Gesetz dem Gelde zugelegte Eigenschaft, welche es ursprünglich nicht hatte. Indess kann die Verminderung dieser Eigenschaft, die Erniedrigung also des Zinsfusses, den Preis des Geldes, anderen Waaren gegenüber, nicht drücken, weil die Menge des Geldes nicht davon afficirt wird, und sein Preis nur von dieser Menge abhängt (p. 21 fg.). Von einer förmlichen Productivität verliehener Gelder ist p. 19 die Rede: wo behauptet wird, dass ein Geldschuldner mit dem geliehenen Gelde mehr über seinen Zins verdienen könne, als ein Landpächter mit seinem Grundstücke über den Pachtschilling. Und doch heisst es kurz vorher, das Geld sei unfruchtbar; es könne, im Gegensatze des fruchtbaren Bodens, Nichts produciren, sondern übertrage nur durch Verabredung den Erfolg der Arbeit des Einen in die Tasche des Andern. — Wie Locke überall ein Feind polizeilicher Preisbestimmungen ist[182], so verwirft er insbesondere die gesetzliche Erniedrigung des Zinsfusses (p. 4 ff.). Im scharfen Gegensatze zu Culpeper und Child bestreitet er selbst die Möglichkeit, ein solches Gesetz auszuführen:

gerade so, wie es schwer sei, für Luxuswaaren, und ganz unthunlich, für nothwendige Artikel einen Zwangspreis festzuhalten. Gesetzt aber, der Zinsfuss könnte wirklich auf solche Art erniedrigt werden, so wäre diess eine, für das Ganze nutzlose, Beraubung der einen Klasse, um der andern ein unverdientes Geschenk zu machen; es würde der Handel dadurch erschwert, und die öffentliche Moralität sehr gefährdet werden. Das einzig wirksame und heilsame Mittel zur Erniedrigung des Zinsfusses besteht darin, die Geldmenge zu vermehren, oder die Sicherheit der Darlehen zu verbessern (p. 38). Gegen alle Zinsgesetze ist Locke übrigens nicht. Es muss einen gesetzlichen Zinsfuss sowohl für Rechtsstreitigkeiten geben, wo die Parteien keinen Zinsfuss verabredet haben; als auch, um junge, unerfahrene Schuldner gegen allzu grelle wucherische Ausbeutung zu schützen (p. 32). — Auch darin weicht die Locke'sche Ansicht von der früher vorherrschenden ab, dass er einen hohen Zinsfuss nicht unbedingt für ein Hinderniss des Handels will gelten lassen.[183] An und für sich ist der niedrige Zinsfuss natürlich dem Handel günstig (p. 35). Gleichwohl habe der blühendste Verkehr und die grösste Bereicherung Englands unter Elisabeth, Jacob I. und Karl I. stattgefunden, als der Zinsfuss 8 und 10 Procent betrug; es sei der hohe Zinsfuss eben die Folge des lebhaften Verkehrs gewesen (p. 33). Der niedrige Zinsfuss der Holländer ist nicht einem Gesetze oder einer klugen Handelspolitik zuzuschreiben, sondern ursprünglich durch einen grossen Ueberfluss an baarem Gelde bewirkt (p. 34). So bezweifelt Locke auch nicht, dass unter Umständen das Geldborgen vom Auslande her vortheilhaft sein könne: wenn der borgende Inländer nämlich mehr damit verdient, als seine Zinsen betragen. Ein Land freilich, das zur blossen Consumtion im Auslande borgt, wird doppelt ärmer: einmal wegen der verzehrten Waaren, sodann wegen des dafür noch bezahlten Zinses (p. 9).

Das Sinken der G r u n d r e n t e betrachtet Locke als ein untrügliches Zeichen verfallenden Nationalreichthumes. Dasselbe kann aber aus folgenden Ursachen herrühren: 1) aus einer verminderten Fruchtbarkeit und Production des Bodens; 2) aus einer verminderten *rent of that land*[184], wenn irgendwelche Umstände den Verbrauch seiner Producte schmälern, oder fremde Plätze den Markt wohlfeiler versehen, oder endlich eine Abgabe die Bedürfnisse des Landmanns theurer, seine Erzeugnisse wohlfeiler macht; 3) aus einer verminderten Geldmenge, etwa in Folge ungünstiger Handelsbilanz (p. 35). Umgekehrt ist eine Steigerung der B o d e n p r e i s e nur dadurch möglich, dass entweder der Ackerbau verbessert, oder die Geldmenge und der Reichthum des Landes vermehrt werden (p. 63). Wie wenig Locke übrigens von unserer ausgebildeten Theorie der Grundrente auch nur eine Ahnung hat, zeigt sich aufs Deutlichste in seiner genau durchgeführten Parallele zwischen Grundrente und Zins (p. 19), welche nach ihm ganz von denselben Ursachen bestimmt werden; ausgenommen, dass die Grundstücke eine verschiedene Fruchtbarkeit haben, das Geld dagegen gleichartig ist (p. 17).[185] Trotzdem erklärt er sehr hübsch, wesshalb in verschiedenen Gegenden der Bodenpreis ein so verschiedenes Verhältniss zur Höhe des Zinsfusses darbietet. Er meint nämlich, dass in gewerbfleissigen Districten der grössere Wohlstand und die eifrigere Sparsamkeit eine lebhaftere Nachfrage nach Land und ein geringeres Angebot desselben hervorrufen (p. 20). Schlechte Wirthschaft und starke Verschuldung der Landbesitzer werden den Preis der Grundstücke erniedrigen, der Zinsfuss mag so tief stehen, wie er will; und umgekehrt (p. 27 fg.). Im Durchschnitt übrigens müssen Grundstücke etwas theurer sein, als Geld von gleichem jährlichen Ertrage, weil sie mindere Gefahr laufen, zumal auch minder leicht in ihrer Productivität unterbrochen werden (p. 33).

Der A r b e i t s l o h n fällt nach Locke regelmässig zusammen mit den unentbehrlichen Bedürfnissen des Arbeiters. Wenn der Preis dieser Bedürfnisse steigt, so muss der Arbeitslohn entweder direct in gleichem Verhältnisse steigen, oder aber die arbeitende Bevölkerung fällt der Armenkasse zur Last (p. 29). Verringert sich andererseits die Geldmenge des Landes, so fühlt der Grundbesitzer den hieraus entstehenden Druck auf die Preise zuerst; in zweiter Instanz fühlt ihn aber auch der Arbeiter. Denn der Grundbesitzer, dessen Rente gefallen ist, muss entweder seine Arbeiter entlassen, oder ihnen schuldig bleiben, oder den Lohn erniedrigen (p. 35). Ein eigentlicher Kampf übrigens, welche Klasse bei solchen Veränderungen den Schaden tragen soll, findet insgemein bloss zwischen Grundbesitzern und Kaufleuten statt. «Denn weil des Arbeiters Antheil selten mehr ist, als ein nackter Lebensunterhalt, so gewährt er dieser Menschenklasse niemals Zeit oder Gelegenheit, ihre Gedanken darüber hinaus zu erheben, oder mit den Reicheren für ihr Collectivinteresse zu streiten; ausser wenn ein allgemeines und grosses Unglück, welches sie in einer allgemeinen Gährung vereinigt, sie den Respect vergessen lässt, und sie ermuthigt, mit gewaffneter Hand ihrem Mangel abzuhelfen; und dann brechen sie zuweilen herein auf die Reichen, und fegen Alles weg, gleich einer Ueberschwemmung. Aber diess ereignet sich selten, ausser in der schlechten Administration einer vernachlässigten oder übelgeführten Regierung.» (p. 36.)

Im S t e u e r w e s e n hat Locke den wichtigen Satz aufgestellt, dass «alle Abgaben, wie immer ausgedacht und von wem immer unmittelbar gezahlt, in einem Lande, dessen Hauptvermögen in Grundstücken besteht, grösstentheils endlich auf die Grundstücke fallen.» Die Grundbesitzer sind oft bemühet, statt einer Grundsteuer, die sie fürchten, eine Steuer auf Waaren durchzusetzen; die kostet ihnen aber in Wahrheit regelmässig noch mehr. Steuern, die auf den Boden gelegt sind, lassen die Rente desselben völlig unberührt. Waarensteuern dagegen drücken die Rente um ihren vollen Betrag, wozu noch die Erhebungskosten gerechnet werden müssen, die viel höher sind, als bei Grundsteuern.[186] Denn der Kaufmann, der nun theuerer gekauft hat, wird auch theuerer verkaufen wollen; der Arbeiter, dessen nothwendige Lebensmittel vertheuert sind, wird entweder einen höheren Lohn erreichen, oder dem Kirchspiele zur Last fallen. Nur dem Grundbesitzer ist eine solche Abwälzung unmöglich; auf ihm also bleibt die Steuer liegen. (p. 29 fg.) Späterhin giebt Locke zu, dass eine Steuer, wenn sie den Grundbesitz bis zur Erschöpfung ausgepresst hat, alsdann auch den Handel drückt; aber der erste Druck erfolgt immer auf jenen, man lege die Steuer an, wie man wolle. (p. 31.) So wird auch jede Verminderung des Geldvorrathes zuerst von den Grundbesitzern, zuletzt von den Kaufleuten gefühlt. (p. 35.) Die Kaufleute verkaufen dann wohlfeiler, aber sie kaufen auch zu geringerem Preise; die Grundbesitzer aber müssen sich gefallen lassen, was der Käufer ihnen bietet. (p. 37.) — Man erkennt gar leicht die Ungründlichkeit dieser Argumentation; indessen mag bei einer so schwierigen Lehre, wie die Theorie der Steuerabwälzung, der frühe Bearbeiter wohl Nachsicht fordern! Interessant ist es übrigens, wie Locke bei seiner Grundsteuer die etwanige Verschuldung des Grundstückes völlig unbeachtet lassen will. Doch mehr aus sittlichen, als nationalökonomischen Gründen: es sei diess eine ganz angemessene Bestrafung schlechter Wirthschaft; auch habe Keiner nöthig, den Titel eines grössern Eigenthums zu führen, als er in Wahrheit besitze. Nebenher empfiehlt Locke Hypothekenbücher, durch deren Hülfe man die Gläubiger zu einem verhältnissmässigen Steuerbeitrage heranziehen könne. (p. 38.)

Der herrschenden Ansicht gemäss, erklärt auch er im Allgemeinen, dass eine V o l k s v e r m e h r u n g sowohl eine Vermehrung der Macht, wie des Reichthumes sei. (p. 32.) Aeusserst lehrreich sind Lockes Ansichten über A r m e n p f l e g e.[187] Die steigende Armennoth unter der jetzigen, wie unter den beiden vorigen Regierungen schreibt er hauptsächlich der *relaxation of discipline and corruption of manners* zu. Wenigstens die Hälfte der unterstützten Armen sei im Stande, ihr Brot ganz zu verdienen, und eine Menge der übrigen doch theilweise. Als Heilmittel empfiehlt er nun zunächst eine strenge, rücksichtslose Durchführung der bestehenden Vagabundengesetze. Da jedoch die meisten Armen nicht ganz unwillig zur Arbeit sind, wohl aber halb unfähig durch Ungeschicklichkeit, so ist das zweite Heilmittel Errichtung von Arbeitsschulen in jedem Kirchspiele. Die Aufseher dieser Schulen sollen ausser ihrem festen Gehalte noch mit einer Tantième von 10 Procent für alles Dasjenige belohnt werden, was durch ihre Wirksamkeit an der Armensteuer gespart werden kann. Auch soll aus den Stoffvorräthen der Schulen solchen Armen, die zu Hause arbeiten wollen, mitgetheilt werden. Alle Armenkinder zwischen 3 und 14 Jahren müssen die Arbeitsschule besuchen; wogegen Locke ernstlich davor warnt, den Vätern zur Unterhaltung dieser Kinder Geldalmosen zu verwilligen. Arbeitsunfähige Arme sollen, der Sparsamkeit wegen, in grösseren Armenhäusern beisammen wohnen. — Die Bill, welche in *3 et 4 Anne* die Locke'schen Grundsätze praktisch machen wollte, hat übrigens keine Gesetzeskraft erhalten.[188]

XI.
Der weitere Aufschwung des englischen Welthandels.

Von den äusseren Lebensumständen des CHARLES DAVENANT (Doctors der Rechte) bemerke ich nur so viel, dass er 1656 geboren war, und 1714 starb; dass er einer ritterlichen Familie angehörte, zu wiederholten Malen ins Unterhaus gewählt, eine Zeitlang Accise-Commissär und zuletzt General-Inspector der Aus- und Einfuhr wurde. Abgesehen von den dramatischen Arbeiten seiner Jugend, fällt seine schriftstellerische Thätigkeit in die Jahre 1695 bis 1712; und zwar hat er folgende Werke verfasst: *An essay on ways and means of supplying the war* (1695), *An essay on the East-India-trade* (1697), *Discourses on the public revenues and of the trade of England* (1698), *An essay on the probable methods of making the people gainers in the balance of trade* (1699), *Essays on the balance of power, the right of making war, peace and alliances; universal monarchy* (1701), *A picture of a modern whig* (1701), *Essays on peace at home and war abroad* (1704), *Reflections on the constitution and management of the trade to Africa* (1709), *Reports to the commissioners for putting in execution the act, entitled, an act for the taking, examining and stating the public accounts of the kingdom.* (1712.)[189]

In all diesen Schriften, welche nach der eigenen Aussage des Verfassers hauptsächlich für *country-gentlemen* bestimmt sind (II, 78), zeigt sich Davenant als einen ebenso vielseitig gebildeten, wie geistreichen Mann. Dass er gründliche classische Studien gemacht, beweisen die vielen und wohlgewählten Parallelen, die er aus Livius, Tacitus u. A. herbeizieht; so ist auch seiner Abhandlung über die

Staatseinkünfte und den Handel von England das xenophontische Buch περὶ πόρων in vollständiger Uebersetzung und Erklärung angehängt. Man darf nicht vergessen, dass in England damals überhaupt die classischen Studien nach langem Darniederliegen wieder aufzublühen anfingen.[190] — Von neueren Staatslehrern benutzt er am liebsten Machiavelli und das politische Testament des Richelieu. In der englischen Rechtsgeschichte ist er musterhaft bewandert; und welchen Werth er auf staatsrechtliche Erörterungen legt, das zeigt sich in sonderbarer Schärfe II, 240 ff., wo er die Befugniss Englands deduciert, in Ireland jede Wollfabrication zu verbieten. Ueberhaupt finden wir bei Davenant, wie bei den meisten älteren Schriftstellern, dass die einzelnen Zweige der Staatswissenschaft viel weniger getrennt sind, als heutzutage. Die grosse Arbeitstheilung auf diesem Gebiete, welche seit A. Smith üblich ist, und in Ricardos Schule ihren Gipfel erreicht hat, existierte damals nicht. Wenn diess in gewisser Hinsicht als eine Unvollkommenheit gelten muss, — erst wenn er grösser wird, spaltet sich der Baum in Aeste, die Aeste wieder in Zweige u. s. w. — so war es doch zugleich ein wichtiges Schutzmittel gegen Einseitigkeit und Materialismus. Wie schön ist nicht, bei Gelegenheit der nordamerikanischen Kolonien, die Ausführung des Satzes: die Wohlfahrt aller Länder in der Welt hängt von der Sittlichkeit ihres Volkes ab! (II, 41 ff.) Selbst das reichste Volk muss verarmen, wenn es sittlich verfällt. Insbesondere kann die Volkswirthschaft nur da gedeihen, wo politische Freiheit blühet (II, 336 ff. 380 fg.); ganz davon abgesehen, dass der Reichthum ohne Freiheit keinen Werth hätte. (II, 285.) Ein Hauptmerkmal des Freiheitsbegriffes ist auch bei Davenant immer die Sicherheit des Eigenthumes. Als praktischer Staatsmann lebt er gänzlich in den Ideen, welche Jacob II. gestürzt und Wilhelm III. auf den Thron geführt hatten. Die Grundbedingung alles Glückes, namentlich auch alles

Reichthumes in England ist die Constitution (II, 301 fg. 309.), und diese Constitution wird in echt englischer Weise als eine siebenhundertjährige betrachtet. (II, 302.) Den beiden grossen Parteien, deren Vereinigung die Revolution bewirkt hatte, weiss er gleichmässig gerecht zu werden: die Whigs hätten das Uebel am frühesten bemerkt, und nach ihren Grundsätzen wäre auch die Abhülfe erfolgt; zu dieser letztern aber hätten die Tories factisch das Meiste beigetragen. (II, 329 fg.) Je treuer Davenant übrigens den Grundsätzen der alten Whigpartei ergeben war, desto schmerzlicher musste es ihn berühren, wenn viele seiner Genossen, sowie sie aus den Oppositionsbänken ans Ruder gelangt, von denselben abfielen. Er eifert dagegen auf das Lebhafteste, besonders in dem satirischen Gespräche: *Picture of a modern Whig;*[191] und ist insoferne gar kein Parteimann. «Eine Tyrannei, welche durch das Schwert herrscht, hat wenig andere Freunde, als die Männer des Schwertes; aber eine gesetzliche Tyrannei, wo das Volk nur berufen wird, um Unbilligkeit durch seine eigene Stimme zu bekräftigen, hat auf ihrer Seite die Reichen, die Furchtsamen, die Trägen, Diejenigen, welche das Gesetz kennen und davon leben, ehrgeizige Kirchenmänner, und alle Solche, deren Existenz von einer ruhigen Weltlage abhängt; und die hier genannten Personen bilden den einflussreichern Theil der meisten Nationen, so dass eine derartige Tyrannei kaum abzuschütteln ist.» (II, 301.) Selbst die freudig anerkannte Trefflichkeit des damaligen Königs hält Davenant nicht ab, die Garantien der englischen Verfassung gegen etwanige schlechte Nachfolger, also namentlich das parlamentarische Geld- und Heerbewilligungsrecht, auf das Sorgfältigste zu behüten. Hinsichtlich der auswärtigen Politik ist er ein warmer Vertheidiger des europäischen Gleichgewichtes gegen jede, zumal französische, Universalmonarchie.

In dem volkswirthschaftlichen Systeme Davenants, soferne

hier nämlich bei der pamphletischen Art seiner meisten Schriften von einem Systeme geredet werden kann, bildet die Handelsbilanz den Mittelpunkt. Dass Vermehrung des Nationalreichthumes und günstige Bilanz wesentlich dasselbe bedeuten, wird an vielen Stellen versichert. (II, 172. 195. 199.) Eben desshalb können auch die jüngsten, unleugbaren Fortschritte der englischen Volkswirthschaft nur vom Aufblühen des auswärtigen Handels herrühren (I, 359), und in jedem Lande muss der Ueberschuss der Bilanz die Gränze bestimmen, über welche hinaus die Staatsausgaben nicht ohne Zerrüttung des Nationalvermögens wachsen können. (I, 13.) Aus demselben Grunde hält Davenant Offensivkriege für schädlicher, als Defensivkriege, bei welchen kein Geld ausser Landes geschickt zu werden braucht; gerade so, wie einzelne Wunden minder gefährlich sind, als Auszehrung. (I, 403 ff.) Auch Seekriege sind unbedenklicher, als Landkriege, weil alles Material der ersteren daheim verfertigt, aller Sold daheim verausgabt wird (V, 451), wogegen die Landheere fremde Länder bereichern. (!) Gleichwohl ist die öffentliche Meinung voll von Irrthümern in dieser Hinsicht. So widerlegt z. B. der *Report for stating the public accounts* (V, 362 ff.) die populäre Ansicht, als wenn die Bilanz des englisch-französischen Handels für England sehr ungünstig sei, obschon dem Verfasser die politisch-patriotischen Erklärungsgründe dieses Irrthums sehr wohl einleuchten. Jedenfalls aber wäre hier zu bedenken, was England, wenn nicht von Frankreich, dann von anderen Ländern würde kaufen müssen, und zwar vielleicht zu einem ungleich höhern Preise. Umgekehrt beruhet die scheinbar günstige Bilanz gegen Holland grossentheils darauf, dass Holland, und zwar zum Schaden Englands, so viele englische Waaren an dritte Nationen vermittelt. (V, 434.) Was ferner den ostindischen Handel betrifft, der also vergängliche Luxusartikel mit edlen Metallen bezahlt, so würde es freilich gut sein, wenn ganz Europa ihm entsagen wollte. England und Holland speciell aber gewinnen durch ihren indischen Zwischenhandel viel mehr, als sie durch ihren eigenen Consum indischer Waaren verlieren. Davenant ist daher entschieden gegen ein Verbot dieses letztern, wovon damals so häufig die Rede war. (I, 90 ff.) Im Gegentheil, es wäre aus Gründen der Sparsamkeit zu wünschen, dass England, statt eigener Wollzeuge, indische Calicos verbrauchte, und jene ausführte. Sonst würden die Calicos dem auswärtigen Absatze der englischen Wollzeuge schaden.[192] So haben es die Holländer gemacht, die z. B. ihre gute Butter auswärts verkaufen, und sich statt dessen an wohlfeilerer englischer Butter genügen lassen. «In der Wollindustrie gewinnt England nicht durch Dasjenige, was daheim vom Volke selbst, sondern was von fremden Ländern gekauft wird.» (I, 102.) — Davenants Methode, die Handelsbilanz zu berechnen, stimmt mit der von Child und Mun verbesserten wesentlich überein. (II, 12 ff. 234. V, 366.) Hiernach schätzt er den jährlichen Gewinn Englands auf 2 Millionen Pfund St., wovon 900000 auf den Kolonialhandel kommen, 600000 auf den ostindischen und 500000 auf die eigenen englischen Ausfuhren. — Ganz consequent ist Davenant übrigens nicht. So heisst es z. B. I, 102, dass beim innern Absatze der Eine nur soviel gewinnen kann, wie der Andere verliert, und das Volk im Allgemeinen sich also nicht bereichert. Dagegen wird II, 19 neben dem auswärtigen Handel auch der innere als Reichthumsquelle anerkannt. So warnt er dringend, ja keinen Zweig des Handels wegen seiner vermeintlich ungünstigen Bilanz abzuschneiden, weil andere, entschieden vortheilhafte Zweige dadurch bedingt sein können. (I, 387 ff.) «Im Allgemeinen kann versichert werden, dass jedweder Handelszweig dem Lande nützlich ist.» (I, 99.) Und doch soll das warm empfohlene *Council of trade* ganz vorzüglich auf die Bilanz achten, und wo diese einem bestimmten Lande gegenüber nachtheilig wird, wenigstens durch Aufwandsgesetze dawider einschreiten. (I, 425.)

Ungleich vielseitiger und gründlicher, als man hiernach erwarten sollte, ist Davenants Ansicht von G e l d und R e i c h t h u m. Auf das Lebhafteste polemisiert er gegen Pollexfen[193] und den Verfasser der *Britannia languens*: von welchen der Erstere Gold und Silber für den einzig wahren Reichthum erklärt, der Letztere die Fabricationsregister der Münze als das Hauptkriterium der Handelsbilanz gebraucht hatte. Dagegen sagt Davenant: Reichthum ist ursprünglich Alles, was Land und Arbeit hervorgebracht haben. So kann ein Volk reich werden ohne Geld, und sich dann beliebig Geld verschaffen. Wenn die Holländer zwei Drittel ihres Geldvorrathes ausliehen, so würden sie darum nicht ärmer sein. Auch kann das Aufblühen eines Volkes an ganz anderen Symptomen, als der vermehrten Baarschaft, erkannt werden. Er gedenkt z. B. der vermehrten Schiffe, Häuser, Waarenvorräthe u. s. w., welche nicht bloss vermehrten Reichthum beweisen, sondern vermehrter Reichthum sind, ja vielleicht dessen nützlichste Bestandtheile. (I, 354 ff.) Auf der andern Seite müssen hoher Zinsfuss, niedriger Bodenpreis und Arbeitslohn, verminderte Bevölkerung, Zunahme des unbebauten Landes u. s. w. als Zeichen der nationalen Verarmung betrachtet werden: mögen immerhin Einzelne im Volk ihren Privatreichthum während dessen vergrössern. (I, 358. II, 283.) In der ausführlichen Definition des Reichthumes (I, 381 fg.) wird geradezu Alles erwähnt, «was Fürst und Volk in Ueberfluss, Ruhe und Sicherheit versetzt:» also nicht bloss materielle Güter, selbst vergänglicher Art, sondern auch geistige Kräfte, Verhältnisse, wie z. B. Allianzen, u. dgl. m. Eben desshalb scheint es Davenant auch nothwendig, in die Schrift: *On the probable methods of making a people gainers in the balance of trade*, eine vollständige Statistik von England, wie man sie damals haben konnte, aufzunehmen. Jedes Volk, behauptet er, muss im Handel so viel gewinnen, wie seine Einfuhr mehr werth ist, als die Ausfuhr, mag jene nun in dauerhaften, oder schnell vergänglichen Waaren bestehen. (II, 11.) Man sieht aus Allem, dass sich Davenant von den Irrthümern der *Britannia languens* u. s. w. zwar noch nicht gänzlich frei gemacht hat, dass sie ihm jedoch nur noch, wie eine halbgesprengte Kette, nachschleifen. — Seine Geldtheorie können wir daraus beurtheilen, dass *servant of trade, measure of trade*, seine Lieblingsbezeichnungen für den Dienst des Geldes sind. Ja, dasselbe wird einmal sogar mit Zahlpfennigen zur Erleichterung des Rechnens verglichen. (I, 355.) Bei Gelegenheit des Papiercredites wird die Möglichkeit zugegeben, dass die Menschen jeden andern Gegenstand zum Handelsmasse erheben, und dieser, wo er eben als solches anerkannt ist, ganz dieselben Dienste leisten könne, wie Gold und Silber. (I, 444.) Sehr fein ist die Beobachtung, wie gerade ein sehr reiches Volk relativ weniger Baarschaft nöthig hat, als ein eben erst aufblühendes; daher von einem gewissen Punkte an die fortdauernde Einfuhr edler Metalle gar nicht besonders wünschenswerth ist. (IV, 106 ff.)[194]

Hinsichtlich der B e v ö l k e r u n g sind die Hauptgrundsätze Davenants folgende. Die Menschen vermehren sich überall, wo sie behaglich leben können. (II, 233.) Insbesondere muss unter einer freien Staatsverfassung die Population fast unfehlbar dicht werden. (II, 185.) Aber auch umgekehrt ist die Volksvermehrung eins der wirksamsten Mittel zur Volksbereicherung (II, 3. I, 73 ff.); wesshalb u. A. Aufnahme politischer Flüchtlinge (II, 6), Belohnungen für zahlreiche Familien u. s. w. empfohlen werden. (II, 191.) Doch erkennt Davenant, nach dem Vorgange des Statistikers King, einen Unterschied an zwischen solchen Menschenklassen, welche den Volksreichthum vermehren, und solchen, welche ihn vermindern. In die erste Kategorie stellt er Diejenigen, welche von Grundstücken, Kunst oder Industrie nicht nur sich selbst erhalten, sondern auch zur Vermehrung des Nationalkapitals (*nations general stock*) und zur Erhaltung Anderer beitragen; in die zweite, offenbar nach Petty, ausser den Bettlern und Vagabunden, den Kranken und Schwächlichen, auch die Gesammtmasse der *Cottagers*-Familien. (II, 202.) — Interessant ist noch der Irrthum, welchen er von King adoptiert, als wenn sich England erst nach 600 Jahren zu einer Volkszahl von 11 Millionen erheben würde. (II, 176.)[195]

Den strengen P r o h i b i t i v s y s t e m e n seiner Zeit gegenüber, könnte man Davenant fast einen Anhänger der H a n d e l s f r e i h e i t nennen. Zwar ist er ein warmer Lobredner der Navigationsacte (I, 397); er warnt in seinen frühesten Werken auch wohl im Allgemeinen vor dem blossen Gehenlassen, weil Alles schlecht gehen müsse, wo die Menschen bloss ihr Privatinteresse und ihre Sondergewinnsucht zu fragen brauchen. (1, 422.) Doch meint er in seiner letzten Schrift, man solle den Handel nur seinen eigenen Lauf nehmen lassen; dann werde er seine Kanäle schon selber finden. Wenn die Kaufleute nur ermuthigt, ihre Interessen im Auslande energisch vertreten werden; wenn die Zölle nicht allzu hoch sind: so wird ein Volk mit guten Häfen, mit See- und Handelsgeist, mit einem productenreichen Lande und solchen Kolonien, wie die amerikanischen, gar nicht umhin können, durch den Handel reich zu werden. (V, 453.) Wo nicht politische Gründe eine Ausnahme gebieten, da muss jede Handelsnation, zum Vortheile des Einzelnen, wie der Gesammtheit, darauf achten, woher die ausländischen Waaren am wohlfeilsten bezogen werden können. (V, 378.) Diejenigen, welche den Absatz ihrer eigenen Landesproducte durch eine allgemeine Entmuthigung fremder Waaren zu befördern denken, werden mit der Zeit finden, dass sie wenig oder gar keinen Handel besitzen, und dass ihre eigenen Waaren als Ladenhüter ihnen zur Last fallen. Die Völker, welche unsere Producte empfangen, werden immer erwarten, dass wir eine verhältnissmässige Quote der ihrigen nehmen, was durch ausschweifende Zölle unmöglich wird. Wollen wir grossen Verkehr in der Welt haben, so dürfen wir Andere nicht schlechter behandeln, als sie uns; wir müssen sowohl kaufen, wie verkaufen, und uns nicht mit der Hoffnung schmeicheln, bloss durch die Ausfuhr unserer eigenen Boden- und Gewerbserzeugnisse zu existieren.[196] (V, 387 fg.) — Es ist nicht ohne Bedeutung, dass diese liberaleren Ansichten bei Davenant erst dann völlig durchdrangen, nachdem er selbst in einer hohen praktischen Stellung sich bei der Handelspolitik von England betheiligt hatte. Indessen war er bereits 1697 ein Gegner des alten englischen Gesetzes, wonach die Leichen, zur Hebung der Wollindustrie, in Wolltüchern begraben werden sollten; diess, meint er, sei eine Consumtion von Manufacten, welche dem Lande gar keinen Vortheil bringt. Ueberhaupt seien recht wenig Handelsgesetze ein Zeichen, dass die Nation durch Handel blühet. (I, 99.) So ist er auch Zeitlebens ein Gegner der unglücklichen Sucht gewesen, dass jedes Volk Alles selbst producieren wollte. England z. B. soll keine Seiden- oder Leinenindustrie erkünsteln, sondern lieber seine Wollproduction, seine Heringsfischerei u. s. w., wozu es natürliche Anlagen besitzt, vergrössern. (I, 104 ff.) Die Vorsehung hat desswegen die Natur der verschiedenen Länder so verschieden eingerichtet, damit sie sich gegenseitig aushelfen möchten. (II, 235.) — Am schönsten zeigt sich die Vorurtheilsfreiheit unsers Davenant beim Kornhandel, über welchen bekanntlich die gehässigsten Vorurtheile am breitesten und tiefsten zu wurzeln pflegen. Nicht genug, dass er die Assecuranz des Volkes gegen Hungersnoth am besten durch Privatpersonen besorgt findet, so gönnt er diesen auch «in Gottes Namen» ihren Gewinn, und fürchtet hier noch weniger Missbrauch, als in anderen öffentlichen Geschäften. (II, 226 fg.)[197]

Eine wichtige Stelle in Davenants geistigem Leben nimmt seine Vertheidigung der privilegierten Handelsgesellschaften für den Verkehr mit Afrika und Ostindien ein. Den Gegnern derselben ruft er zu, dass sich die Mängel bestehender Einrichtungen sehr leicht erkennen lassen, während keine menschliche Weisheit im Stande ist, die Fehler neuzuschaffender Institute klar vorauszusehen. (II, 135.) Seine Gründe für die vorhandene ostindische Compagnie im Gegensatze einer *regulated company*, d. h. des Freihandels unter Beobachtung gewisser Vorschriften, Besoldung gewisser Anstalten, u. s. w. sind ziemlich dieselben, welche nachher bei jeder Verlängerung der Compagnieprivilegien geltend gemacht wurden. Der Wetteifer der Privatkaufleute müsse in Ostindien den Preis der Waaren steigern, in England dagegen herabdrücken. Die hierdurch entstandenen Verluste würden gar bald eine Menge von Speculanten wieder verscheuchen, so dass, zum grössten Schaden des Handels selbst, die äusserste Ueberfüllung und Entleerung der Concurrenz mit einander wechselten. Nun aber ist kein Handelszweig in der Welt einer gewissen Stetigkeit so sehr bedürftig, wie der ostindische; schon weil die unendliche Entfernung, der Charakter aller dortigen Regierungen, die Eifersucht der Holländer kriegerische Anstalten fortwährend nothwendig machen. Der Einzelne ist dort schwach, d. h. rechtlos; die Forts aber, die Factoreien u. s. w. können unmöglich durch Steuern der Privatkaufleute erhalten werden, schon wegen der Unmöglichkeit einer gehörigen Repartition. (II, 126 ff.) Davenant erklärt sich desshalb für eine lange und gesicherte Dauer der Compagnieprivilegien, was er II, 153 mit schönen Gemeinplätzen über das Princip der Stetigkeit einleitet.[198] —

Für den afrikanischen Handel hatte Davenant früher eine s. g. *regulated company* gewünscht, vornehmlich wegen der Geringfügigkeit des hier beschäftigten Kapitals und wegen des Mangels bedeutender Nebenbuhler. (II, 39.) Späterhin jedoch ist die umfangsreiche und auf gründliche Geschichtsstudien basierte Schrift: *Reflections on the African trade* vornehmlich in der Absicht geschrieben, die Wichtigkeit dieses Handels und die Nothwendigkeit einer privilegierten Gesellschaft dafür zu beweisen. Unter seinen Gründen nehmen sich zwei allerdings sehr wunderlich aus: dass es beim freien Privathandel weit schwerer falle, den wahren Gewinn und Verlust der Nation zu berechnen; und dass eine Gesellschaft überhaupt klüger sei, also auch ihr eigenes Interesse richtiger wahrnehme, als die Einzelnen. (V, 139 ff.)

In dem Kapitel vom Nutzen des K o l o n i a l h a n d e l s (II, 1–76) wird doch fast lediglich darauf verwiesen, dass die Kolonien England in Stand setzen, mittelst ihrer Producte eine grössere Fremdwaareneinfuhr, die ohnehin stattfindet, zu decken. Daher z. B. Neuengland keinen andern Nutzen hat, als durch sein Korn, Vieh, Holz u. s. w. den tropischen Anbau Westindiens möglich zu machen. Freilich könnte Westindien auch vom Mutterlande mit solchen Bedürfnissen versorgt werden. Da jedoch an Rohstoffen viel weniger zu verdienen ist, als an Manufacten, so kann es dem Mutterlande nur Vortheil bringen, wenn die Zufuhr nach den tropischen Kolonien umschweifig erfolgt, indem englische Gewerbsproducte zum Eintausche nordamerikanischer Lebensmittel u. s. w. verwandt werden. (II, 21.) Jede Unabhängigkeit der Kolonien, jeder eigene Gewerbfleiss derselben ist Davenant ein Gräuel. Westindien steht ihm so sehr im Vordergrunde, dass er Sklaven für das erste und nothwendigste Material einer Ansiedelung erklärt. (II, 38.) Hinsichtlich der Gefahren, welche die neuenglischen

Kolonien später einmal dem Mutterlande bringen können, theilt er die Ansicht von Child. (II, 9.) Um so merkwürdiger sein Vorschlag, ihnen ein gemeinschaftliches Parliament in Neuyork zu geben (II, 40 fg.), dem freilich im Mutterlande ein permanentes Conseil nach Art des spanischen Rathes von Indien gegenüber stehen soll.[199] (II, 29 ff.) Die Idee der Strafkolonien, welche schon Cromwell und Jacob II. gegen politische Feinde geltend gemacht, wird von Davenant besonders auch wegen der zu grossen Härte vieler englischen Criminalgesetze empfohlen. (II, 4.) Ueber Ireland, das wesentlich als Kolonie betrachtet wird, äussert er sich im Allgemeinen viel milder, als seine Zeitgenossen (II, 236 ff.); doch ist er z. B. über den Gedanken, die Ireländer könnten ihre Wolle anderswohin, als nach England, ausführen, so entsetzt, dass er davon «mit einem Schlage den Untergang der ganzen englischen Wollindustrie» erwartet! (II, 249.)

Hinsichtlich der S t e u e r n finden sich hübsche Anfänge der Einsicht, dass der unmittelbar Zahlende nicht immer der eigentliche Träger der Last: II, 201; obschon die an Locke erinnernde Aeusserung (I,77): *All taxes whatsoever are in their last resort a charge upon land*, bei Davenant keine weitere Entwickelung erhalten hat.[200] Als die beste Abgabenart empfiehlt er, trotz Locke, die Accisen, deren Nachtheile für den Handel durch eine daran zu knüpfende bessere Ordnung der Markt- und Messpolizei u. s. w. aufgewogen werden können. (I, 62 ff. II, 201.) Recht gründlich hat er auch die Frage behandelt, ob die Steuern zweckmässig zu verpachten sind. (I, 207 ff.) In England war das Pachtsystem bei dem Postgelde, der Heerdsteuer, den Zöllen und Accisen versucht worden; und Davenant empfiehlt es für neue, wenig bekannte Einkünfte, sowie für solche, die durch Untüchtigkeit der Beamten unergiebig geworden sind: doch immer nur für kurze Zeit und mit einem streng festgehaltenen Maximum des Pächtergewinnes. Wirklich musterhaft sind die Erörterungen über den politischen Charakter des Steuerwesens: dass sich das Volk z. B. die illegale Forterhebung alter Steuern viel eher gefallen lässt, als die Auflage neuer (II, 285 ff.); sowie überhaupt die Gefahren, welche von jedem grossen Steuersysteme her der öffentlichen Freiheit drohen. — Aus diesem letzten Grunde erklärt sich Davenants lebhafter Widerwille gegen S t a a t s s c h u l d e n, deren riesenhafte Entwickelung in England bekanntlich erst seit jener Zeit beginnt. Sie erhöhen den Zinsfuss, und schaden somit dem Handel (I, 18 ff.); sie verlocken Viele zu einem müssigen Rentenierleben, was der Industrie Nachtheil bringt. (II, 294.) Daher England, wie er meint, selbst wirthschaftlich nicht eher aufblühen könne, ehe nicht der grösste Theil der Staatsschuld getilgt worden. (II, 283.)[201] Indessen die Hauptsache bleibt doch immer die grosse Gefahr der freien Steuerbewilligung und öffentlichen Freiheit im Allgemeinen, welche in jeder bedeutenden Staatsschuld liegt. Auf das Entschiedenste predigt desshalb unser Verfasser Sparsamkeit, sowohl des ganzen Volkes nach holländischer Weise, wie der Regierung insbesondere. (I, 390. IV, 434.)

Ich muss schliesslich noch des wichtigen Platzes gedenken, welchen Davenant in der Geschichte der S t a t i s t i k einnimmt. Er ist in dieser Hinsicht der Nachfolger Pettys, obschon er durchaus nicht ganz auf eigenen Füssen steht, sondern oft nur die Manuscripte von Gregory King benutzt. (II, 165 ff.)[202] Die Theorie der Wissenschaft ist in der interessanten Abhandlung: *Of the use of political arithmetic* (I, 127 ff.) erläutert, welche die Schrift über die Staatseinkünfte und den Handel von England einleitet. Nichts würde inzwischen ungerechter sein, als wenn man ihn des Materialismus, wohl gar Mammonsdienstes beschuldigen wollte, zu welchem die blossen Zahlstatistiker so leicht hinneigen. Unser Schriftsteller giebt wiederholentlich zu, dass die Ausbildung des Handels ein Fortschritt von sehr zweideutigem Werthe ist. Der Handel führt Reichthum herbei, aber auch Luxus, Betrug und Habsucht; er zerstört die Tugend und Sitteneinfalt, und die solchergestalt bewirkte Verderbniss der Nation endet unfehlbar zuletzt mit innerer oder auswärtiger Sklaverei. (II, 275.) Aber freilich, die Einfachheit patriarchalischer Zustände, ohne Handel nach Aussen, wo alle Renten u. s. w. in Natura gezahlt werden, alle Gutsherren auf dem Lande wohnen, kann nicht ewig dauern, schon wegen des Wetteifers mit anderen Völkern nicht. Darum haben kleine Nationen, von grossen Nachbaren umringt, sich zuerst auf den Handel gelegt, um so ihre Kleinheit gleichsam künstlich zu vergrössern. (I, 348 ff.) Auch England bedarf eines bedeutenden Handels um der Flotte willen, und der Flotte wieder um der politischen Sicherheit willen. (II, 275.)[203]

Ehe wir schliessen, blicken wir noch einmal auf die zwei Jahrhunderte im Ganzen zurück, durch die wir die Entwickelung der englischen Volkswirthschaftslehre begleitet haben.

Sie entstand also in der äusserlich stillen, innerlich aber tief bewegten Periode, wo das Mittelalter von England wich, und die neuere Zeit unter Krämpfen und Wehen hereinbrach. Diesem Zustande trat sie zunächst als socialistische Kritik gegenüber; sie vertiefte sich mit Leidenschaft in seine schlimmen Seiten, und hielt ihm strafend ein Ideal entgegen, welches die Grundlagen der rohesten Urzeit mit den Entwickelungen der feinsten Kultur vereinigen sollte: freilich ein utopisches Ideal! Wie die Alchymie der Chemie, die Astrologie der Astronomie, so ist der Socialismus der eigentlichen Nationalökonomie vorangegangen. — In den zwei folgenden Menschenaltern war der Streit um kirchliche Reform oder Reaction viel zu überwiegend, als dass sich die Volkswirthschaft daneben sehr hätte ausbilden können. Nur einige praktische Fragen von der breitesten Bedeutung und stärksten Aufdringlichkeit wurden mit einem gewissen Erfolge weitergeführt: der Uebergang aus der feudalen in die ökonomische Landwirthschaft, und die Preiserniedrigung der edlen Metalle. — Gegen Ende des 16. und Anfang des 17. Jahrhunderts gab die Vorbereitung des englischen Kolonialreiches einen grossartigen Anstoss, über den Ursprung des Reichthumes in neukultivierten Ländern, über die Anfänge der Bevölkerung und ähnliche Fundamentalfragen nachzudenken. Ein günstiges Geschick, welches die englische Kolonisation auf das atlantische Nordamerika beschränkte, hielt diese Forschungen von zahlreichen Irrwegen zurück, wohin die meisten Continentalvölker durch die gold- und silberreiche, aber hafenarme und zum europäischen Ackerbau wenig geeignete Natur der spanischen Eroberungskolonien verlockt wurden. So gewann die englische Nationalökonomie eine wissenschaftlich und volksthümlich sichere Grundlage; obschon Bacons Werke den Beweis geben, wie wenig einstweilen noch auf dieser Grundlage war fortgebaut worden. — Die grossen politischen Kämpfe, welche die erste Hälfte des 17. Jahrhunderts erfüllen, mussten das Volksinteresse an der Nationalökonomie zunächst wieder mindern. Die Theorie derselben wurde nur von einzelnen systematischen Köpfen weiter gefördert, und zwar besonders auf solchen Gebieten, welche zugleich allgemeiner Art und an das staatsrechtlich-politische Gebiet angränzend waren. — Uebrigens macht sich schon während der Pausen des Revolutionskampfes, und mehr noch seit Wiederherstellung des Stuart'schen Thrones, eine ganz bestimmte Tendenz bemerklich, den Holländern das Geheimniss ihrer wirthschaftlichen Grösse abzulernen. Diese Tendenz begleitet Schritt für Schritt das Emporblühen des englischen Welthandels, der sich bald genug, wie es bei entwickelungsfähigen Nationen zu gehen pflegt, aus dem Piratenthume der Elisabeth'schen Zeit herausbildete. Unter den mannichfachsten Gestalten tritt sie auf: als Pflege der Seefischerei, als Rechtfertigung des ostindischen Handels, als Sehnsucht nach einem erniedrigten Zinsfusse, als Vertheidigung der Navigationsacte, als Streben nach Toleranz, als Empfehlung der indirecten Abgaben statt der directen, als Lobrede auf die Handelsfreiheit im Innern. Aber der Grundgedanke bleibt immer derselbe: man liebt die Religion und Politik der Holländer, man bewundert ihre Klugheit und Macht, und will ihnen desshalb nacheifern; selbst wenn ihre Freundschaft dadurch verscherzt würde. Uebrigens wurde sie nicht einmal verscherzt, wenigstens nicht auf die Dauer; denn die nämliche Richtung hat in ihrem weitern Verlaufe zur Tripelallianz und zur Thronbesteigung Wilhelms III. geführt. Hiermit verbindet sich noch eine lebhafte Opposition gegen Frankreich, die nicht allein das politische und religiöse Verhalten des englischen Volkes, sondern auch seine wirthschaftlichen Ansichten und Wünsche bestimmte. — Ihren höchsten Gipfel erreichte die vorhume'sche Nationalökonomie der Engländer in dem grossen Triumvirate: Petty, North und Locke. Hier finden wir die Lehren von Werth und Preis, von Geld und Münze, von Zinsfuss und Arbeitslohn, von Handelsbilanz und Handelsfreiheit, also lauter Punkte von der äussersten Wichtigkeit, dergestalt entwickelt, dass selbst A. Smith gar wenig daran zu berichtigen hätte. Wie die Nationalökonomie überhaupt eine gewisse Mittelstellung einnimmt zwischen der exacten Naturwissenschaft und der praktischen Politik: so ist dieser grossartige Aufschwung derselben einerseits durch die gleichzeitige hohe Blüthe der englischen «Naturphilosophie,» andererseits durch den Umstand zu erklären, dass gerade die Parteikämpfe unter Karl II. und Jacob II. die politische Hochschule des englischen Volkes gewesen sind. — Die vier nächstfolgenden Jahrzehnte haben weder Staatsmänner, noch Staatsinteressen gehabt, welche mit denen im letzten Viertel des 17. Jahrhunderts zu vergleichen wären. Es mag hiermit zusammenhängen, wenn sich auch in der nationalökonomischen Literatur dieser Zeit eine gewisse Abnahme der geistigen Kraft bemerken lässt. Schon der Eklektiker Davenant ist ein Beweis dafür. Den neuen Aufschwung, welcher das Leben des englischen Volkes auf seine höchste Höhe führen sollte, beginnen alsdann David Hume, der Theoretiker, und Lord Chatham, der praktische Staatsmann.

Sind die vorstehenden Untersuchungen ihrem Hauptinhalte nach begründet, so wird sich die herkömmliche Ansicht der Nationalökonomen über die Geschichte ihrer Wissenschaft in drei, nicht unwichtigen, Punkten ändern müssen.

1) Unsere weitverbreitete Gewohnheit, die ganze Entwickelungsperiode der Volkswirthschaftslehre, welche den Physiokraten vorausgeht, mit dem Namen des Mercantilsystemes zu bezeichnen, ist allerwenigstens eine sehr ungenügende. Das bekannte Bild, welches die Lehrbüchertradition von einem Mercantilisten zu entwerfen pflegt, passt immerhin auf manche unbedeutendere Schriftsteller des 17. und 18. Jahrhunderts; aber die bedeutendsten werden keinesweges dadurch getroffen. In einigen Punkten stimmen sie wohl damit überein; in anderen, ebenso wichtigen, sind sie völlig davon abweichend. So verschiedenartige Männer, wie Mun, Child, Davenant, mit dem einen Worte «Mercantilist» zu charakterisiren, geht ebenso wenig an, als wenn ein katholischer Kirchenhistoriker alle protestantischen Theologen, von Hengstenberg bis auf Strauss, mit dem einen Worte «Akatholiken» oder «Häretiker» hinlänglich meinte bezeichnet zu haben. Kurz, die gewöhnliche Eintheilung der nationalökonomischen Literatur in Mercantilismus, Physiokratie und Industriesystem ist zwar bequem genug, in der Wirklichkeit aber ohne hinreichenden Grund. Allermindestens werden sich unsere Lehrbücher dazu bequemen müssen, die Literatur des 16. und 17. Jahrhunderts in zwei verschiedenen Abschnitten zu behandeln. Der eine, den Continent betreffende, mag dann immer noch den Titel «Mercantilsystem» führen; der andere muss überschrieben werden: «ältere englische Schule.»

2) Adam Smith ist keinesweges in dem Grade, wie man gewöhnlich annimmt, Erfinder der von ihm ausgesprochenen Wahrheiten. So wenig wir gemeint sind,

eine absichtliche Verkleinerung seiner Vorgänger bei ihm vorauszusetzen:[204] so gewiss hat sein wundervolles Talent für System und Form unabsichtlich dazu beigetragen, diese letzteren mehr, als sie es verdienen, in Schatten zu stellen. Fast alle Hauptzüge seines Systemes sind in dem Sinne national, dass sich die Keime derselben bei der Mehrzahl seiner bedeutenderen Vorgänger nachweisen lassen. Und selbst im Einzelnen haben gar viele wichtige Resultate des goldenen Zeitalters ein halbes Jahrhundert oder länger noch vorher ihren unmittelbaren Vorläufer gehabt.[205] Dem Ruhme Smiths thut diese Einsicht gewiss keinen Abbruch; ebenso wenig, als wenn die vollkommenere Entwickelung seiner Lehre durch seine Nachfolger gezeigt wird. Vielmehr ist es das höchste Lob, welches einem grossen Manne gezollt werden kann, ihn gleichsam in den Mittelpunkt der Geschichte zu stellen, so dass alles Frühere als Vorbereitung auf ihn, alles Spätere als Entwickelung von ihm erscheint.

3) Endlich ist auch der Eindruck ein irreführender, welchen so viele Geschichten der Nationalökonomie zurücklassen, als wenn bis nach der Mitte des 18. Jahrhunderts die Franzosen und Italiener eine Art von Alleinbesitz oder doch Vorausbesitz der nationalökonomischen Wissenschaft gehabt hätten. Seit Cromwells Zeiten, ja schon unter Elisabeth kann E n g l a n d in ähnlicher Weise als das klassische Land der Volkswirthschaftslehre betrachtet werden, wie es heute dafür gilt. So sind die Engländer schon damals in manchen Stücken bedeutend weiter gewesen, als die so sehr viel spätere Physiokratie. Insbesondere hat sie schon damals ihre nationale Eigenthümlichkeit, die Theorie nur dann zu erweitern, wenn eine wichtige praktische Frage dazu Anlass gab, zwar von manchen Fortschritten abgehalten, aber auch vor unzähligen Irrthümern bewahrt.[206]

Fußnoten

[1] Wie z. B. unsere deutschen Liederkränze, Singakademien, Musikfeste erst nach dem Tode unserer Mozart und Beethoven ihre volle Ausbildung erlangt haben.

[2] Das bekannte Werk von *M a c C u l l o c h The literature of political economy* (1845) ist am Ende weiter Nichts, als ein für England ziemlich reichhaltiger, aber ziemlich übel nach Fächern geordneter Bücherkatalog, welchen der Herausgeber mit mehr oder weniger treffenden Randbemerkungen versehen hat. Diejenigen Schriftsteller, welche mehrere Werke geschrieben haben, sind durch das ganze Buch zerstückelt: Josiah Tucker z. B. muss aus 11 verschiedenen Orten zusammengelesen werden. Wie ist da eine historische Charakteristik, auch nur des Einzelnen, geschweige denn ganzer Perioden und Richtungen möglich? Vgl. meine Recension in den Göttinger Gelehrten Anzeigen 1846, Stück 163 fg.

[3] *Libellus vere aureus, nec minus salutaris quam festivus de optimo reipublicae statu deque nova insula Utopia. (Lovan. 1516. 4.)* Ich citiere nach der Cölner Ausgabe in 12. von 1555.

[4] Ob nicht schon der Aufruhr der Londoner Handwerker von 1517, den Morus selbst, als gewesener Unter-Sheriff, in nächster Nähe beobachten konnte, zu dieser Sinnesänderung beigetragen hat?

[5] *S i r F . M . E d e n State of the poor* I, 112.

[6] Mit welchen die gleichzeitigen Schriften des berühmten *F i t z h e r b e r t*, Richters der *Common pleas* unter Heinrich VIII., zusammenhängen: *Book of husbandry*, und *Book of surveying*.

[7] In der That wurde 1533 ein Gesetz gegeben (*25 Henry VIII. cap. 13*), dass keine Schafheerde über 2000 Stück halten sollte. Der Eingang dieses Gesetzes versichert, dass einzelne Eigenthümer bis 24000 Stück besässen.

[8] Die Hauptschwierigkeit aller socialistischen Weltverbesserer!

[9] Die Empfehlung des Selbstmordes für unheilbar Kranke

(p. 148) erinnert gleichfalls an heidnische Ideen.

[10] Es klingt in der That grässlich, wenn *Harrison Description of Britain p. 186* behauptet, dass Heinrich VIII. insgesammt 72000 grosse und kleine Diebe mit dem Tode bestraft habe. Unter Elisabeth seien doch alljährlich 3–400 »vom Galgen gefressen worden.«

[11] Das vorliegende Kapitel kann leider nicht viel mehr sein, als ein Lückenbüsser, weil die wichtigsten Quellen weder in Leipzig und Dresden, noch in Berlin und Göttingen aufzutreiben waren. Ich habe mich desshalb mit den Auszügen, welche neuere englische Schriftsteller mittheilen, begnügen müssen.

[12] J. *Law Money and trade considered, p. 129.* (Glasgow 1750.)

[13] Vgl. *Sir J. Steuart Principles of political economy. B. II, Ch. 3.* Ganz vornehmlich aber J. *Helferich* Von den periodischen Schwankungen im Werth der edlen Metalle, S. 65–76: eine höchst schätzbare Arbeit.

[14] G. R. *Carli Della moneta: Scrittori classici econom. XIII, p. 327 ff.*

[15] *Sermons (edit. 1575), p. 31 ff.* Vgl. *Sir F. M. Eden State of the poor I, 93.* W. *Jacob An historical inquiry into the production and consumtion of precious metals: II, Ch. 19.*

[16] A. *Young Political arithmetic: B. I, Ch. 8.*

[17] S. die *Table of prices* im dritten Bande von *Sir F. M. Eden State of the poor.* Da Eden keine Bürgschaft leistet, dass die von ihm erwähnten Preise Durchschnittspreise gewesen, so ist diese Quelle mit Vorsicht zu gebrauchen, und die Abweichung von A. Young darf Niemand befremden.

[18] Wo ich aber die grosse Hungersnoth von 1523 weggelassen habe.

[19] Vgl. *1 et 2 Phil. et Mary, c. 5. 1 Elizab., c. 11. 5 Eliz. 35 Eliz., c. 7. 1 James I, c. 25.*

[20] Wie denn auch A. *Smith (Wealth of nations, B. I, Ch. 11)* die sinkende Bewegung der Geldpreise von 1570 bis 1640 datirt. Er stützt sich dabei vorzüglich auf die von Fleetwood berechneten Durchschnittspreise des Quarters Weizen, die zwischen 1499 und 1560 = 10 S. 5/12 D., zwischen 1561 und

1601 dagegen 2 Pfd. 7 S. 5 1/3 D. betragen.

[21] Ein Buchhändler, welcher die Schrift 1751 neu auflegte, ergänzte die Buchstaben *W. S.*, ohne weitere Auctorität, vielleicht nur, um den Absatz zu verbessern, mit dem grossen Namen William Shakespeares. Der Dichter wäre indess zur Zeit des ersten Erscheinens 17 Jahre alt gewesen, und ein so reifes, beobachtungsreiches Werk schreibt wohl Niemand in solchem Alter. Vgl. *F a r m e r On the learning of Shakespeare.* — Ausführliche Excerpte des Stafford'schen Buches findet man bei *J. S m i t h Memoirs of wool, or Chronicon rusticum-commerciale (London 1747). A. Yo u n g Political arithmetic B. I, Ch. 8. S i r F. M. E d e n State of the poor I, p. 89. 109. 119. W. J a c o b l. l. II, Ch. 20.* Wie wenig das Original selbst in England verbreitet ist, beweiset der Umstand, dass A. Young seine Mittheilungen aus J. Smith ausschreibt.

[22] Die Form des Gespräches war in jener dramatischen Zeit sehr beliebt; ich erinnere an die berühmte Schmähschrift gegen Leicester: *A dialogue between a scholar, gentleman and lawyer. 1584.*

[23] Nach Humes treffender Bemerkung hängt diese Zunahme der *Inclosures* ganz wesentlich mit der Abnahme der alten Lehnsheere zusammen.

[24] Uebrigens ist es bekannt genug, dass die englischen Mittelklassen, sowohl die landbauende, als die gewerbetreibende, während der grossen Preisrevolution und mit Hülfe derselben erst rechte Wurzel gefasst haben: auf Kosten einerseits der Handarbeiter, andererseits der Grundeigenthümer und Gläubiger. Vgl. *H a r r i s o n Description of Britain, passim. S i r F. M. E d e n State of the poor I, 119 ff. W. J a c o b l. c. II, Ch. 20.* Die Klagen des Mittelstandes müssen daher grossentheils auf die Unart der meisten Menschen zurückgeführt werden, mit welcher sie jeden Gewinn, als sich von selbst verstehend, hinnehmen, jeden Verlust aber laut bejammern.

[25] Nach der ausdrücklichen Versicherung von J. Smith.

[26] Das Verdienst jener Erklärung, die uns so nahe zu liegen scheint, lässt sich am besten abmessen nach dem Grade ihrer Neuheit und Seltenheit in damaliger Zeit. Wie die gebildeteren Klassen Englands über die Ursache der Preisrevolution urtheilten, haben wir eben gesehen. Das gemeine Volk, das

sicher am härtesten litt, schrieb die Theuerung nicht selten der Aufhebung der Klöster zu. Vgl. *Percy Reliques of ancient poetry (4 edit.)* II, 296. In Spanien stimmten Regierung und Cortes dahin überein, dass die Habsucht der Gewerbetreibenden alle Schuld trage. Aus diesem Grunde verbot man (zwischen 1550 und 1560) die Ausfuhr des Korns, Viehes, Leders, der Seide und anderer Waaren. Man suchte ferner den Kleinhandel in seiner vermittelnden Stellung zwischen Grosshändler und Consument zu vernichten, um dadurch die Preise wohlfeiler zu machen (L e o p. R a n k e Fürsten und Völker I, 400 ff.). In Deutschland glaubte man, wie das Sinken der Geldpreise begann, das factische Monopol der grossen, oft sogar verbundenen Handlungshäuser sei die Ursache. Die zahlten z. B. dem portugiesischen Könige mehr für seine Gewürze u. s. w., als er ihnen abforderte; nur müsste er dagegen versprechen, andere Deutsche noch mehr zu übertheuern! Um desshalb die Concurrenz der kleinen Kaufleute zu verstärken, verbot der Reichstag 1522 jede Compagnie, die über 50000 Gulden Kapital besässe (L e o p. R a n k e Geschichte Deutschlands im Zeitalter der Reformation II, 42 ff. 134 ff.). Dagegen hat der französische Theoretiker, J e a n   B o d i n, den wahren Grund der grossen Preiserschütterung richtig erkannt. Dieser schrieb nämlich [und zwar jedenfalls vor 1584; denn in diesem Jahre erschien das berühmte Buch *De republica*, in welchem Bodinus der uns hier interessierenden Schrift bereits Erwähnung thut: *Lib. VI, p. 1028 (ed. 7).* Der *Discours sur les causes de l'extrème cherté, qui est aujourdhuy en France,* welcher 1574 erschien, und neuerdings in *C i m b e r e t D a n j o u Archives curieuses de l'histoire de France (Serie I, Tom. VI.)* wieder abgedruckt ist, kann als eine erste, obschon in mancher Hinsicht unvollkommene Ausgabe der *Responsio ad paradoxa* betrachtet werden] eine *Responsio ad paradoxa Malestretti de caritate rerum eiusque remediis,* worin er zuvörderst die Behauptung Malestroits widerlegt, als wenn die Waaren gegen frühere Jahrhunderte nicht theuerer geworden wären. Als Gründe der Theuerung giebt er fünf an: die vielen Monopolien der Kaufleute und Gewerbetreibenden; die starke Ausfuhr nach Spanien und Italien; die Laune der Fürsten, welche den Gegenständen ihres Gefallens auch in der Volksmeinung einen höhern Werth verschafft; den hochgestiegenen Luxus; ganz besonders aber die so stark vermehrte Quantität des

Goldes und Silbers. Er sucht diesen letzten Grund aus der Entdeckung des Seeweges nach Ostindien, der Eroberung Amerikas durch die Spanier, dem Aufblühen des französischen Handels, den vielen Auswanderungen französischer Arbeiter, die alsdann mit Geld wieder heimkehren, der Gründung der Lyoneser Bank u. dgl. m. zu erklären: versichert indessen ausdrücklich, dass er der Erste sei, welcher die vermehrte Gold- und Silbermenge als eine Ursache der allgemeinen Waarentheuerung aufstelle. S. p. 33.

[27] *Wealth of nations: Book IV, Chap. 7, Part 1.*

[28] S. meine Untersuchungen über das Kolonialwesen, erste Abhandlung, S. 30. (Im Archiv der politischen Oekonomie, Neue Folge, Bd. VI.)

[29] Wie sehr übrigens die englische Kolonialpolitik schon im ersten Keime von der spanischen verschieden war, erhellt aus dem Charter, womit Heinrich VII., einer der klügsten, zugleich nüchternsten Herrscher seiner Zeit, 1502 eine Gesellschaft von Bristoler Kaufleuten und portugiesischen Seefahrern zur Vornahme von Entdeckungsreisen privilegierte. Da heisst es Art. 2 ausdrücklich, dass sich in den neu entdeckten Ländern Männer und Weiber aus England frei sollen ansiedeln können; weiterhin aber, dass der Verkehr mit den Kolonien auf englische Unterthanen beschränkt bleiben müsse. (*Rymer Foedera XIII, 37.*) Vgl. meine Untersuchungen u. s. w., dritte Abhandlung, S. 266. (Archiv, N. F., Bd. VII.)

[30] *R. Hackluyt Voyages, navigations, traffiques and discoveries of the English nation (1600), Vol. III, p. 22 ff.*

[31] Auch in den höheren Ständen wurde die Uebervölkerung sehr lebhaft gefühlt. Man schreibt die vielen Unruhen seit 1571 namentlich mit der grossen Menge von aussichtslosen jüngeren Söhnen vornehmer Familien zu: vgl. *Hume Chap. 40*

[32] Hackluyt III, 152 ff. Die Redaction ist von einem Gefährten Gilberts verfasst.

[33] Zu diesen gediegenen Ansichten steht der leidenschaftliche Eifer, womit Gilbert im Parliamente von 1571 das Kron-Monopolienrecht vertheidigte, freilich in einem sonderbaren Contraste.

[34] *Hackluyt III, p. 45 ff.*

[35] *Hackluyt III, p. 165 ff.*

[36] *Hackluyt III, p. 182 ff.*

[37] Abgedruckt in dem grossen Werke von *Sam. Purchas Pilgrims (1625), Vol. IV, p. 1809 ff.* Hiermit sollte die, im Jahre 1587 verfasste, Schrift von THOMAS HARIOT verglichen werden: *A briefe and true report of the new found land of Virginia, of the commodities there found and to be raised, as well merchantable as others. (Hackluyt III, p. 266 ff.)* Dieser Hariot, einer der ersten Mathematiker seiner Zeit, war von Raleigh der Expedition beigegeben, welche 1585 unter Leitung von Ralph Lane die Kolonisierung Virginiens ernstlich versuchte. Seine Aufgabe bestand darin, das Land wissenschaftlich zu untersuchen; und er hat die Ergebnisse einjähriger Forschung an Ort und Stelle in der angeführten Schrift, gewiss einer der frühesten statistischen Uebersichten, musterhaft veröffentlicht. Die Gesichtspunkte sind wesentlich dieselben, wie bei Peckham, Carleill, Hackluyt u. A. Es werden die Producte Virginiens mit grosser Vollständigkeit aufgeführt: zuerst die für den Handel geeigneten; sodann diejenigen, welche zur Nahrung der Kolonisten brauchbar sind; zuletzt die Baumaterialien u. s. w. Eine vortreffliche Schilderung der Eingebornen, sowie des Klimas u. s. w. in gesundheitlicher Beziehung, macht den Schluss. Das Scheitern der Unternehmung, deren einziger praktischer Erfolg in der Einführung der Tabakspflanze nach Europa bestand, wird von Hariot der Unwissenheit und Bequemlichkeit, sowie zum Theil auch dem blinden Golddurste der Kolonisten zugeschrieben. Nach alle Diesem bildet sein Bericht im Inhalte keinen Gegensatz zu dem *Virginias Verger*, desto mehr im Tone, welcher dort im höchsten Grade nüchtern und streng wissenschaftlich, hier aber phantastisch und puritanisch-religiös ist. Man kann den Unterschied der Elisabeth-Shakespeare'schen Zeit und der einbrechenden puritanisch-revolutionären Periode nicht deutlicher markieren.

[38] Ich benutze die Oxforder Ausgabe der *Works* in acht Bänden: 1829. Vgl. die gediegene kritische Abhandlung über Raleighs Leben im *Edinburgh Review, Vol. LXXI.*

[39] *Works VIII, 351 ff.* Diese Schrift ist zuerst im Jahre 1603, und dann wieder kurz vor Raleighs Hinrichtung Jacob I.

vorgelegt worden (*Preface*), und die gewöhnliche Ansicht schreibt sie Raleigh selber zu: so z. B. *A n d e r s o n a. 1603*. Auf der andern Seite behauptet *J . S m i t h, Memoirs of wool I, p. 144*, sie rühre von einem Londoner Alderman, Namens Cockaigne, her. Raleigh selber scheint die letztere Ansicht zu begünstigen; denn in einer unzweifelhaft ächten Schrift: *A discourse of the invention of ships etc. (Works VIII, p. 333)* nennt er den Verfasser *a gentleman to me unknown; but so far as I can judge he has many things very considerable in that short treatise of his, yea both considerable and praiseworthy*. Und in dem Widmungschreiben, womit er die zweite Ueberreichung an Jacob I. begleitet, um die, vermuthlich vergessene, Schrift in neue dringende Erinnerung zu bringen, nennt er sie *a book of extraordinary importance for the honour and profit of your majesty and posterity*. Ob nun die Anonymität eine blosse Maske gewesen ist, wage ich nicht zu behaupten; jedenfalls aber können wir nach den obigen Aeusserungen den Hauptinhalt dieser Schrift als von Raleigh gebilligt ansehen.

[40] Vgl. unten S. 47.

[41] *On the seat of government: Works VIII, p. 539.*

[42] *The discovery of Guiana, Pref. to the reader.*

[43] *History of the world, B. I, Ch. 8. §. 4.*

[44] *A discours of war in general: Works VIII, p. 257 ff.*

[45] *History of the world, B. V, Ch. 2, §. 4.* Ohne Zweifel ein Anklang aus Aristoteles Politik!

[46] *Edinburgh Review, l. l., p. 72.*

[47] *Edinburgh Review p. 40.* Vgl. jedoch unten S. 41, Anm. 1.

[48] Eine so massenhafte, fast schulmässige Verbreitung der richtigen Ansicht vom Wesen des Reichthums, wie sie im vorstehenden Kapitel geschildert ist, suchen wir bei den meisten anderen Völkern jener Zeit vergebens. Sporadisch jedoch lässt sie sich allerdings auch ausserhalb Englands nachweisen. Ich erinnere an S u l l y. Aber selbst in Spanien urtheilte um 1640 D i e g o S a a v e d r a F a x a r d o *Idea principis christiani, centum symbolis expressa (Amstelod. 1665), p. 590: Potissimae divitiae ac opes terrae fructus sunt: nec ditiores in regnis fodinae, quam agricultura. Plus emolumenti acclivia montis Vesuvii latera afferunt, quam Potosus mons cum intimis suis visceribus, licet argentiferis.*

[49] Zuerst in englischer Sprache 1605 erschienen.

[50] Vgl. *Sermones fideles, Cap. 29.*

[51] Einen höchst merkwürdigen Beitrag hierzu hat Bacon selbst geliefert: *De sapientia veterum, Cap. 19;* wo er die Dädalossage mit dem glücklichsten Scharfsinne als eine Allegorie der regelmässigen Entwickelung von Kunst und Gewerbfleiss behandelt. Diess Buch ist 1610 erschienen.

[52] *Novum Organon I, 4. (1620.)*

[53] *Descriptio globi intellectualis, Cap. 2.*

[54] *Sermones fideles, Cap.* 34 und 28. Der erste Theil dieses Buches ist bekanntlich schon 1597 erschienen.

[55] *Sermones fideles, Cap. 15 (De seditionibus et turbis.)* Freilich ist der vulgäre Irrthum, als könne jedes Land im Handel nur soviel gewinnen, wie irgend ein anderes verloren habe, soviel ich weiss, erst durch J. *Tucker Tracts on political and commercial subjects (1776), p. 42 ff.* recht beseitigt worden.

[56] *Historia regni Henrici VII, p. 1038. (Edit. Lips. 1694.)* Zum Theil mit denselben Worten: *De dign. et augm. scientiarum VIII,* 3 und *Sermones Cap. 29* gepriesen. Die *Historia* ist 1622 erschienen.

[57] Die z. B. in Frankreich erst unter Ludwig XV thatsächlich ausser Uebung kamen.

[58] *Sermones Cap. 15. 29. Sorti reipublicae nihil addunt,* heisst es in der erstern Stelle: also ein Vorläufer der spätern physiokratischen Ansicht von den unfruchtbaren Klassen.

[59] *Salmasius De usuris* ist 1638 erschienen, *De modo usurarum* 1639, *De mutuo* 1640.

[60] D. *Hume History of England, Ch. 44, App. 3.*

[61] *Sermones fideles Cap. 34.* Den letztern Grund führt schon Dante an, wesshalb die Zinsgläubiger in der Hölle schmachten: *Divina Commedia, Inferno XI, 106 ff.*

[62] Auch Hugo Grotius *(De iure belli et pacis II, 12, 20 sq.)* billigt im Grunde das Zinsnehmen; die biblischen Verbote, die er von den Gegenbeweisen allein anerkennt, will er nur für einen solchen Zinsfuss gegeben wissen, welcher das Risico des Darleihers, das eigene Gewinnentbehren desselben, seine Mühe u. s. w. übersteigt. Dagegen meinte Sir Walter

R a l e i g h (*The cabinet-council: Works VIII, p. 49.*), es sei gerade damals eine Beschränkung des Wuchers um so nothwendiger, weil aus Indien so viel Geld einströme; Menschen, die viel Geld in ihrer Hand haben, werden Wuchergeschäfte, dafern sie gesetzlich erlaubt sind, immer sicherer und einträglicher finden, als andere Handelszweige.

[63] *De vicissitudine rerum: Sermones fideles Cap. 56.*

[64] *P u r c h a s Pilgrims IV, p. 1766.* B a n c r o f t *History of the U. States I, 161. 340.*

[65] Ueber die fruchtlosen Versuche, unter Leitung des Grafen von Essex 1573 in Ireland englische Kolonien zu gründen, und zwar auf confiscierten Ländereien, vgl. L i n g a r d VIII, 150 fg. Ueber den Erfolg der von Bacon angeregten Pläne Jacobs I: Idem IX, 200 ff.

[66] *Famous among merchants*, wie sein Sohn in der Vorrede des posthumen Werkes sich ausdrückt.

[67] *M i s s e l d e n Circle of commerce, (1623) p. 36.*

[68] *M a c C u l l o c h Literature of political economy, p. 38.*

[69] Nach eigenen Aeusserungen des Verfassers in dem posthumen Werke.

[70] Eine ähnliche, obwohl schwächere Vertheidigung des ostindischen Handels (von *S i r D u d l e y D i g g e s*) erschien zu London 1615: *The defence of trade, in a letter to Sir Thomas Smith, governor of the E. J. Companie etc. From one of that societie.*

[71] Bei dieser Gelegenheit möchte ich eine weitergehende Bemerkung nicht unterdrücken. Es ist nämlich die Gunst oder Ungunst der Bilanz von jeder volkswirthschaftlichen Theorie nach demjenigen Momente beurtheilt worden, welches ihr als das für den Volksreichthum wichtigste galt. Also von den Mercantilisten nach der Geldmenge; von Männern, wie Sonnenfels, Forbonnais, Necker, nach der Zahl der beschäftigten und ernährten Menschen; von den heutigen Engländern nach der Productivität der nationalen Arbeit. Während bei diesen letzten die günstige Bilanz nur secundäre Ursache, fast bloss Symptom des grössern Volksreichthums ist, war sie bei den ersten ausschliesslich Ursache desselben.

[72] In demselben Menschenalter hatte auch *L e w i s R o b e r t s*, Verfasser einer damals sehr berühmten Handelsencyklopädie

(*The merchants mappe of commerce. 1638.*), sich für die freie Ausfuhr der edlen Metalle ausgesprochen; in der Schrift: *The treasure of trafficke, or a discourse of forraigne trade. 4. London 1641.*

[73] Er hat in dieser Hinsicht einen vortrefflichen Kampfgenossen in Sir Robert Cotton, dessen ausgezeichnete Rede wider die beabsichtigte Verschlechterung der Münzen, am 2. September 1626 vor den Lords des Geheimen Rathes gehalten, und mehrmals herausgegeben ist: so 1641, 1651 und 1679: vgl. *MacCulloch Literature, p. 155.* Es ist ein Ruhm für England, diese hochwichtige Frage theoretisch so früh gelöst zu haben, während z. B. in Italien noch *Galiani (Della moneta III, 3)* eine sophistische Apologie der Münzverschlechterungen wagen konnte.

[74] *Leviathan Cap. I* und *passim.*

[75] Die letztere Schrift 1642, die erstere 1651 erschienen.

[76] *Ego huic homini (vel huic coetui) auctoritatem et ius meum regendi meipsum concedo, ea conditione, ut tu quoque tuam auctoritatem et ius tuum tui regendi in eundem transferas. (L. 17; vgl. C. 5.)* Die erstaunliche Consequenz, mit welcher Hobbes diesen Grundgedanken ausführt, zeigt sich am klarsten im Inhaltsverzeichnisse von *C. 12: Iudicationem boni et mali ad singulos pertinere, seditiosa opinio. Peccare subditos (posse) obediendo principibus suis, seditiosa opinio. Tyrannicidium esse licitum, seditiosa opinio. Subiectos esse legibus civibus etiam eos, qui habent summum imperium, seditiosa opinio. Imperium summum posse dividi, seditiosa opinio. Fidem et sanctitatem non studio et ratione acquiri, sed semper supernaturaliter infundi et inspirari, seditiosa opinio. Civibus singulis esse rerum suarum proprietatem sive dominium absolutum, seditiosa opinio, cett. (Vgl. Leviath. 29.)*

[77] Diese Idee ist bekanntlich unter dem langen Parliamente, durch Gründung des englischen Accisesystems, recht praktisch geworden, während es vorher bloss directe Steuern und Zölle gegeben hatte. Da die Accisen nur insofern bedeutenden Ertrag gewähren, als sie von den Consumtionsgegenständen der Mittelklasse erhoben werden, so findet man bei den meisten Völkern, dass sie erst auf einer Kulturstufe entstehen, wo schon ein ansehnlicher Mittelstand gebildet ist.

[78] *The Oceana of J a m e s   H a r r i n g t o n and his other works. The whole collected, methodiz'd and review'd etc. by J o h n T o l a n d. (London 1700.)*

[79] *Oceana, p. 39 ff. System of politics, p. 497 ff. (Ch. 2. 3.)*

[80] *The prerogative of popular government, p. 246 ff. (B. I, Ch. 3.)*

[81] *The prerogative etc., p. 243. 249. (B. I, Ch. 3.)*

[82] a. a. O. p. 249. Auch T o l a n d (*Life of J. Harrington, p. XVIII*) stellt die Entdeckung seines Helden mit derjenigen des Schiesspulvers, der Buchdruckerei, der optischen Gläser u. s. w. zusammen.

[83] *The art of lawgiving, p. 388 ff. (B. I, Ch. 2.)*

[84] *The prerogative of popular government, p. 291. (B. I, Ch. 11.)*

[85] *The art of lawgiving, p. 392. (B. I, Ch. 3)*

[86] *Oceana, p. 102 ff.*

[87] *The prerogative of a popular government, p. 245. (B. I, Ch. 3.)*

[88] u. a. O. p. 300 fg. (*B. I, Ch. 11.*)

[89] Sein Leben ist so wenig bekannt, dass selbst sein grosser Verehrer, Sir J. Child, nur sagt, er scheine ein Landedelmann gewesen zu sein.

161

[90] Vgl. den Vorwurf von J. *Mill* *History of British India I,* *95*: dass er den Nutzen des ostindischen Handels absichtlich übertrieben habe.

[91] *Land and trade are twins: it cannot be ill with trade, but land will fall, nor ill with land, but trade will feel it.* (*Pref.*)

[92] Von Roger Coke, welcher diess behauptet hatte, s. unten Kapitel VIII.

[93] Es ist darum sehr auffallend, dass ein so kluger Mann, wie A n d e r s o n (*Historical etc. deduction of commerce II, a. 1670*), ihm diese Vorliebe für Holland mehrfach übelnimmt. Auch ist Child entschieden der Hoffnung, dass England seinem Vorbilde recht bald nachkommen werde (p. 43 ff.).

[94] Derselbe Punkt ist nachher besonders von D a v e n a n t sehr energisch hervorgehoben: *Works I, 448 ff.*

[95] Uebrigens hat es damals an intelligenten Vertheidigern des englischen Erstgeburtsrechtes nicht gefehlt. Der berühmte Jurist, S i r M a t t h e w H a l e, ist der Ansicht, dass die gleichen Erbtheilungen eine Herabdrückung der ländlichen Familien unter das Mass wahrer Steuerfähigkeit herbeiführen; dass hingegen das Vorrecht des Erstgeborenen im Grundbesitze die jüngeren Geschwister zu Handel und Gewerbfleiss antreibt u. s. w. (*History of the common law of England, Ch. 11.*)

[96] Bei F o r b o n n a i s *Recherches et considérations sur les finances de la France I, 418 ff.*

[97] *S i r W. T e m p l e* *Observations on the Netherlands.* (*1675.*)

[98] Unterstützt nachmals von D a v e n a n t *Works II, 207.*

[99] Es war damals in England sehr controvers, ob die Navigationsacte mehr genützt, oder geschadet habe. So versichert z. B. R o g e r C o k e (s. unten Kapitel VIII), es sei der Schiffbau in England um 1653 wohl etliche dreissig Procent theuerer gewesen, als vor der Navigationsacte 1651; auch die Matrosenlöhne seien dermassen gestiegen, dass England seinen russischen und grönländischen Handel völlig an die Holländer verloren habe. Doch spricht um dieselbe Zeit der berühmte Holländer J e a n d e W i t *Mémoires p. 220 ff.* die Befürchtung aus, das Gesetz werde einen grossen Theil der holländischen Rhederei nach England hinüberziehen.

[100] In der Praxis hatten die Engländer schon seit 1663 das alte Verbot, Geld auszuführen, auf die in England selbst geprägten Münzen beschränkt.

[101] Von einer andern Seite her wird diese Ansicht in folgender, höchst merkwürdigen Broschüre unterstützt: *Reasons for a limited exportation of wool. London 1677. (24 p.* in 4.) Ihr zufolge soll die Prohibition mit einem billigen Ausfuhrzolle vertauscht werden. Und zwar wird als Hauptgrund dafür angegeben, dass die Landbesitzer des Königreiches ein wichtigeres Interesse verträten, als die Paar Wollarbeiter und Kaufleute, welche Manufacturwaaren ausführen. 1) Weil jene die Herren und Eigenthümer vom Grunde alles Nationalreichthums in England sind, indem aller Profit aus dem, ihnen gehörenden, Boden entspringt. 2) Weil sie alle Steuern und öffentlichen Lasten tragen; indem diese allein auf diejenigen drücken, welche kaufen, ohne zu verkaufen. Die Verkäufer nämlich pflegen, der Steuer entsprechend, ihre Waarenpreise zu erhöhen, oder die Güte ihrer Waaren zu verschlechtern (p. 5).

[102] Wie bedeutend Child noch lange nach seinem Tode geschätzt wurde, erhellt z. B. aus *J. Gee The trade and navigation of Great-Britain considered* (1730) recht deutlich. Im Jahre 1797 nennt ihn *Sir F. M. Eden (State of the poor I, 187)*, also ein Mann, welcher dem Adam Smith'schen Standpunkte angehört, *this acknowledged oracle of trade.*

[103] Vgl. *Evelyn Memoirs I, 474 fg. (4. ed.)*

[104] Die Originale sind zum Theil verbrannt; dagegen finden sich Copien im Besitze der Pariser Bibliothek, welche Petty für sich hatte anfertigen lassen, die aber auf der Ueberfahrt nach England von einem französischen Kaper genommen waren. (*MacCulloch Literature of political economy, p. 211.*)

[105] Vgl. das Leben Pettys in der Londoner Ausgabe seiner *Essays* von 1755.

[106] *Pepys Diary II, 145. (ed.* in 8.)

[107] *Five Essays in political arithmetick (1687), No. 3. (Several Essays p. 78 ff.)*

[108] *Political anatomy of Ireland, p. 54 ff.*

[109] *Several essays, p. 54.*

163

[110] *Political anatomy, p. 18.*

[111] *Political anatomy, p. 48 ff.*

[112] *Ibidem, p. 50.*

[113] *Several essays, p. 35.*

[114] *Political anatomy, p. 42 fg. 91 ff.*

[115] *Political anatomy, p. 101 fg.*

[116] Vgl. mein Leben, Werk und Zeitalter des Thukydides (1842), S. 133 ff.

[117] Dieser Titel verdankt wohl der Freundschaft und Geistesverwandtschaft mit Hobbes seinen Ursprung.

[118] *Several essays, p. 98: to express myself in terms of number, weight or measure, to use only arguments of sense, and to consider only such causes, as have visible foundations in nature;.... observations, which if they are not already true, certain and evident, yet may be made so by the sovereign power.*

[119] *D a v e n a n t Commercial and political works II, 169 fg.*

[120] *Several essays, p. 93.*

[121] Hierher mag es rühren, dass *H a l l e y* in seiner Schrift *An estimate of the degrees of the mortality of mankind* und *E v e l y n Memoirs I, 475* die eigentliche Urheberschaft des Graunt'schen Werkes unserm Petty zuschreiben: eine Ansicht, welche *M' C u l l o c h Literature, p. 271* sehr richtig damit widerlegt, dass es gar nicht in Pettys Charakter liege, die Ehre einer so trefflichen und anerkannten Leistung fälschlicher Weise auf Andere zu übertragen.

[122] In der angeführten Abhandlung: *Philosophical transactions, London 1693.*

[123] *Several essays, p. 96.*

[124] Frankreich war damals nicht allein politisch und literarisch das erste Land der Welt, sondern es schien auch, unter Colberts Leitung, begründete Aussicht auf eine volkswirthschaftliche Suprematie zu haben. Die Unterthanen Karls II. glaubten desshalb ihren Handel und Gewerbfleiss von Frankreich her ebenso bedrohet, wie es ihre parlamentarische Freiheit, ihre protestantische Confession und ihre nationale Sitte in der That waren. Hieraus erklärt sich der grosse Anklang, welchen die Behauptung von Englands

nationalökonomischem Sinken fand. Bei der Unvollkommenheit aller damaligen Statistik war sie schwer zu bekämpfen. *Samuel Fortrey Englands interest and improvement, consisting in the increase of the store and trade of this kingdom,* (1663) eröffnet die Controverse. Ausser einigen Bemerkungen zu Gunsten der *Enclosures* und der Ansiedelung Fremder in England, wird hier auf Grund einer angeblichen Untersuchung Ludwigs XIV. die Ansicht durchgeführt, dass Frankreich eine Ausfuhr nach England = 2600000 Pfund St. jährlich habe, während die Engländer nur für etwa 1000000 Pfund St. nach Frankreich exportierten. Also eine für England ungünstige Bilanz (*clear loss*) von 1600000 Pfund St. jährlich (p. 22 ff.). Der grosse Schrecken, der durch solche angebliche Thatsachen hervorgerufen wurde, hat dann ungemein dazu beigetragen, das englische Volk für Beschränkungen und Verbote des französischen Handels günstig zu stimmen. — *Roger Coke A treatise, wherein is demonstrated, that the church and state of England are in equal danger with the trade of it. 1671. Reasons of the increase of the Dutch trade, wherein is demonstrated, from what causes the Dutch govern and manage trade better than the English. 1671. Englands improvement, in two parts (the first part relates to the strength and wealth, and the latter to the navigation of the kingdom). 1675.* Alle drei Schriften in 4. und zu London erschienen. Hier wird die Voraussetzung, als wenn England im Sinken begriffen wäre, ausser der ungünstigen Bilanz noch durch die grosse Entvölkerung erklärt, welche die Pest und die vielen Auswanderungen nach Amerika, Ireland u. s. w. bewirkt hätten. Auch die Folgen der Schifffahrtsacte und der Elisabeth'schen Armengesetzgebung werden als nachtheilig geschildert. Dagegen empfiehlt Coke u. A. die Naturalisierung fremder Protestanten, die Wiederherstellung der freien Vieheinfuhr aus Ireland, die Oeffnung der geschlossenen Corporationen u. s. w. — Eine höchst merkwürdige Gegenschrift ist *Englands great happiness, or a dialogue between Content and Complaint, wherein it is demonstrated, that a great part of our complaints is causeless. By a real and hearty lover of his king and country. 4. London 1677.* Hier finden wir u. A. folgende Ueberschriften über den Kapiteln: *To export money our great advantage. The French trade a profitable trade. Variety of wares for all markets a great advantage. High living a great improvement to arts. Invitation of foreign arts a great advantage. Multitudes of traders a great advantage. The word impossible a great discourager of arts.* Der Verfasser ist überall ein warmer Vertheidiger der Handelsfreiheit, während seine Gegner eben Diejenigen sind, auf welche das übliche Bild des Mercantilsystems verhältnissmässig am besten passt. Der zufriedene Unterredner unseres Buches giebt dem *Complaint* die Richtigkeit der Fortrey'schen Bilanz immerhin zu; gleichwohl erklärt er den französischen Handel für nützlich, weil er nützliche oder doch angenehme Waaren einführt. Es würde nur ein noch höherer Grad von Nützlichkeit sein, wenn die Franzosen, statt englischen Geldes, englische Waaren zurücknähmen. Schon hier findet man die, neuerdings so üblich gewordene, Argumentation, dass ja Privatleute nicht immer bloss von solchen kaufen, an die sie unmittelbar wieder verkaufen können; warum sollte es denn im internationalen Verkehre so völlig anders sein? — *Britannia languens, or a discourse of trade: shewing the grounds and reasons of the increase and decay of land-rents, national wealth and strength. 8. London 1680.* Hier werden als Ursachen des wirthschaftlichen Verfalles von England (*consumptive condition*) besonders folgende angegeben: die Ausfuhr von Geld, die Einfuhr von Luxuswaaren, zumal aus Frankreich, die Schifffahrtsgesetze, die Privilegien der ostindischen Compagnie und anderer Handelsgesellschaften, die Corporationsvorrechte u. dgl. m. Vgl. *Ma c C u l l o c h Literature, p. 39 ff.*

[125] *A treatise of taxes and contributions, p. 31.*

[126] *Ibidem, p. 67.*

[127] *Ibidem, p. 24.*

[128] *Political anatomy of Ireland, p. 62 ff.*

[129] *Several essays, p. 171.*

[130] *Political anatomy of Ireland, p. 125.*

[131] *Quantulumcunque concerning money.*

[132] *Political anatomy of Ireland, p. 54.*

[133] *Ibidem, p. 62 fg.*

[134] *Several essays, p. 147 ff.*

[135] *Several essays, p. 123 ff.*

[136] *Political anatomy of Ireland, p. 65.*

[137] *Verbum sapienti, p. 10. Several essays, p. 123.*

[138] *Several essays, p. 127 fg.*

[139] *Political anatomy of Ireland, p. 85 ff.*

[140] *Ibid. p. 115.*

[141] *Several essays, p. 4 ff.*

[142] *Political anatomy of Ireland, p. 25.*

[143] *Several essays, p. 17.*

[144] *Ibid. p. 107 fg. 147.*

[145] *Ibid. p. 113.*

[146] Vgl. *Anderson a. 1580. 1593. 1630.* Man denke namentlich an die Geldstrafen, welche Karl I. 1634 von den neuerbauten Londoner Häusern forderte.

[147] *Several essays, p. 23 ff.* In derselben Zeit ist das Anwachsen der grossen Städte noch durch eine andere, anonyme Schrift ebenso eifrig, wie geschickt vertheidigt worden: *An apology for the builder; or a discourse showing the cause and effects of the increase of building. 4. London 1685.* Denn noch das Parliament von 1685 hatte auf Andringen der Landgentlemen beschlossen, die neuerbauten Häuser Londons schwer zu besteuern, ja für die Zukunft den weitern Häuserbau im Londoner Stadtbezirke ganz zu verbieten.

[148] *Political anatomy of Ireland, p. 82. Verbum sapienti, p. 17.*

[149] *Quantulumcunque concerning money. Political anatomy, p. 82. 67.*

[150] *Verbum sapienti, p. 16 fg.*

[151] *Several essays, p. 179. Political anatomy, p. 116.*

[152] *Quantulumcunque concerning money.* Gewiss ein bedeutender Fortschritt gegen Mun oder Child!

[153] *Political anatomy, p. 74.*

[154] *Several essays, p. 113. 126. 159.* Mancher Neuere, der auf solche «mercantilische Irrthümer» vornehm hinunterblickt, sollte nicht vergessen, dass sich der auswärtige Handel regelmässig viel eher entwickelt, als der inländische. Die älteren Mercantilisten haben desshalb mit ihrer Höherschätzung des auswärtigen Handels eine für ihre Zeit völlig begründete Thatsache ausgesprochen, nur freilich mit

ungenügender Erklärung.

[155] *Quantulumcunque concerning money. Political anatomy,*
p. 72.

[156] *Political anatomy, p. 67.*

[157] *Several essays, p. 120 fg.* Bei dieser Gelegenheit scheint
es angemessen, beiläufig der wichtigsten Schriften zu
gedenken, welche in England die Entstehung der grossen
Bank theils vorbereitet, theils begleitet haben: vgl.
MacCulloch Literature, p. 158 ff. Eines an Cromwell
gerichteten Pamphlets in Folio von dem Kaufmanne S a m u e l
L a m b (1657) gedenkt *A n d e r s o n II, a. 1651. W. P o tt e r The*
tradesman's jewel; or a safe, easie, speedy and effectual means for
the incredible advancement of trade and multiplication of riches
etc., by making bills become current instead of money. 4. London
1659. F r . C r a d o c k e An expedient for taking away all
impositions and for raising a revenue without taxes, by creating
banks for the encouragement of trade. 4. London 1660. M a tt h .
L e w i s Proposals to the king and parliament; or a large model of a
bank, showing how the fund of a bank may be made without much
charge or any hazard, that may give out bills of credit to a vast
extent. 4. London 1678. — Mit der wirklich zu Stande
gekommenen Bank von England hängen zusammen: *A short*
account of the intended bank of England. 4. London 1694. (Von
Michael Godfrey, erstem *Deputy-Governor* der Bank, und einem
der thätigsten Gehülfen Patersons.) *W i l l . P a t e r s o n*
Conferences on the public debts by the Wednesday-Club in Friday-
Street. 4. London 1695. Viele Gegner der Bank meinten damals,
ein solches Institut könne bloss in einem Freistaate bestehen,
und werde England in einen solchen verwandeln. Andere
wieder fürchteten, der König werde dadurch unbeschränkt
werden. Auch in Bezug auf die mercantilen Folgen der Anstalt
waren die Erwartungen einander entgegengesetzt. Einige
besorgten, die Bank würde allen Handel erdrücken; Andere
wieder, sie würde alles Geld in den Handel ziehen, und auf
solche Art die Bodenpreise erniedrigen. Gegen allerlei
religiöse Bedenken mussten sich die Freunde der Bank auf
Evang. Luc. XIX, 23 berufen. — Ein theoretisch lehrreicher
Seitenweg wurde empfohlen durch *R . M u r r a y A proposal for*
a national bank, consisting of land, or any other valuable securities
or depositums. 4. London 1695. H . C h a m b e r l e n The
constitution of the office of land credit declared in a deed. Enrolled

in chancery a. 1696. 12. London 1698. Diese Männer verfolgten den Plan, ihre Bank und das von derselben auszugebende Umlaufsmittel auf den Werth von Grundstücken zu basiren: ein Gedanke, welcher bekanntlich den Schriften und praktischen Schwindeleien von J. Law zu Grunde liegt. Ich werde desshalb in der zweiten Abhandlung, welche das 18. Jahrhundert bis David Hume und Adam Smith enthält, hierauf zurückkommen müssen. *A s g i l l Several assertions proved in order to create another species of money than gold (London 1696)* unterstützte das Chamberlen'sche Project mit Gründen, welche ganz an die spätere Physiokratie erinnern. «Was wir Waaren nennen, ist weiter Nichts, als vom Boden losgetrenntes Land. *Man deals in nothing, but earth!* Die Kaufleute sind die Factoren der Welt, um einen Theil der Erde gegen den andern zu vertauschen.»

[158] *M a l t h u s Principles of political economy, p. 345–522.*

[159] *Political anatomy, p. 81. 96 fg.* Die Fruchtbarkeit jener Eintheilung in zwei Volksklassen ist auch neuerdings wieder von einem ausgezeichneten Nationalökonomen bethätigt worden: F. B. W. H e r m a n n Staatswirthschaftl. Untersuchungen, S. 354 ff.

[160] *Ibid. p. 82 ff.*

[161] *Political anatomy, p. 30. 32 ff. 99. 122 fg.* Die Einfuhr des lebendigen Viehes war schon 1663, die des gesalzenen Fleisches von Ireland 1666 verboten.

[162] *Several essays, p. 164 fg.*

[163] In der Schrift *Verbum sapienti,* welche während des holländischen Krieges von 1665 bis 67 geschrieben ist, um eine bessere Vertheilung des unerträglich gewordenen Steuerdruckes anzurathen.

[164] *Several essays, p. 125 ff.*

[165] *Ibidem, p. 129.*

[166] *Ibidem, p. 166.*

[167] *Ibidem, p. 130 ff. Political anatomy, p. 78.* Vgl. m e i n e Ideen zur Politik und Statistik der Ackerbausysteme, dritte Abhandlung, S. 11 ff. (Im Archiv der politischen Oekonomie, Neue Folge, Band IV.)

[168] Vgl. die Lebensbeschreibungen des Lord Guildford und

des Sir Dudley North von dem Bruder der Beiden, *Roger North*; ferner *Macaulay History of England, Ch. 4.* Lord Guildford gehörte zu den hervorragenden Mitgliedern der s. g. Trimmerpartei, obschon es ihm an der Charakterstärke, welche allein ein würdiges Juste-Milieu möglich macht, am allermeisten fehlte.

[169] Wenn eine grosse politische Umwälzung das Volksleben erschüttert und losgefessel hat, so ist es nicht ungewöhnlich, dass auch auf anderen Gebieten, welche den brennendsten Fragen des Augenblicks ferner liegen, heterodoxe Ansichten geäussert, und mit rücksichtsloser Consequenz vertheidigt werden. Man denke nur an die merkwürdigen Parliamentsverhandlungen vom 2. Februar 1689, welche der Abfassung der *Declaration of Rights* vorausgingen.

[170] Schon *Roger North* konnte in den Lebensbeschreibungen seiner Brüder, indem er die geistvollen Ansichten des Sir Dudley über nationalökonomische Gegenstände erwähnt, die Bemerkung hinzufügen, dass kein Exemplar seiner Schrift für Geld mehr zu haben sei. (*Life of Lord Guildford, p. 168. Life of Sir Dudley North, p. 180 fg.*: beide in der 4. Ausgabe.) Die in jenen Biographien mitgetheilten Auszüge haben alsdann mehr als Einen Sachkundigen zu einer sorgsamen Nachforschung nach dem Originale gereizt. Doch umsonst. Wie ein verloren gegangener alter Klassiker, musste das Buch wiedergefunden werden; und zwar geschah diess auf der Bücherauction des bekannten Numismatikers Ruding, worauf dann zu Edinburgh 1822 ein neuer Abdruck veranstaltet wurde. Das mir vorliegende Exemplar ist 1846 bei Adam und Charles Black in Edinburgh erschienen, 42 Seiten in 4.

[171] Es fand gerade damals eine grosse Productionskrisis in England statt, von der auch Locke handelt: eine sehr begreifliche Folge der innern Revolution und des gleichzeitigen äussern Krieges.

[172] Vgl. das folgende Kapitel.

[173] Sonst hat mein College und Freund, G. Hartenstein, gewiss Recht, wenn er aus der obigen Stelle, die allerdings viel Heterogenes zusammenwirft, den Schluss zieht, dass North in der eigentlichen Philosophie nicht eben zu Hause

gewesen. Seine im Orient und in Handelsgeschäften hingebrachte Jugend wird ihn an dergleichen Studien verhindert haben; und es ist nicht schön, dass er durch anscheinende Belesenheit diess verdecken wollte.

[174] Vgl. oben S. 59.

[175] Locke war einer der ersten *Commissioners* dieser Behörde: vgl. *Sir F. M. Eden The state of the poor I, p. 244 ff.*

[176] *Of civil government,* §. 25–51. Wer die grosse Rolle kennt, welche der Begriff *Property* in den Actenstücken, Parlamentsreden u. s. w. der englischen Revolution spielt, dem wird die zeitgemässe Wichtigkeit dieser Locke'schen Untersuchung nicht entgehen. Und zwar ist diese Stellung des Eigenthumsbegriffes eine dauernd nationale geblieben. Der liberale Fox hat in einer seiner wichtigsten Reden (über die *East-India-Bill* am 1. December 1783) eine klassische Definition von Freiheit aufgestellt, welche mit den Worten beginnt: *it consists in the safe and sacred possession of a mans property etc.* Man vgl. übrigens oben S. 51. Hobbes und Locke vertreten auf eine höchst charakteristische Art die Controverse, welche seit J. J. Rousseau eine so gesteigerte Bedeutung erlangt hat: ob das Eigenthum auf der Anerkennung des Staates, oder auf der Arbeit des Einzelnen beruhet. Möchte Niemand übersehen, dass der tyrannische Hobbes für die erste, der freiheitsliebende Locke für die zweite Alternative ist!

[177] *Considerations etc. (Works II, 36.)*

[178] Vgl. oben S. 81.

[179] Und doch wurde 1694 die Bank von England errichtet! So wenig ist L o c k e ein in praktischen Dingen erfinderischer Kopf.

[180] In Frankreich unter Ludwig XIV. noch eine sehr beliebte Finanzmassregel.

[181] Vgl. oben S. 47. 50. 81. 91.

[182] *Things must be left to find their own price: p. 18.*

[183] Vgl. oben S. 76. 90.

[184] Man sieht hier, wie flüchtig Locke zuweilen schreibt: offenbar ist im ersten Falle der Rohertrag, im zweiten der

Reinertrag gemeint.

[185] Vgl. oben S. 89.

[186] Diese Reaction gegen die, seit Hobbes entstandene, Vorliebe der Theoretiker für indirecte Steuern ist auch in der damaligen Praxis wahrzunehmen. Ich erinnere an die neue Grundsteuer vom Jahre 1692, deren Kataster bis auf den heutigen Tag fortdauert.

[187] Bei *Sir F. M. Eden* State of the poor I, p. 244 ff.

[188] Von Schriften, welche in ähnlicher Weise, durch Beschäftigung und Unterricht der Armen, dem Pauperismus zu steuern suchen, lässt sich eine ganze Literatur zusammen stellen. Dahin gehört namentlich das Pamphlet des berühmten Juristen *Sir Matthew Hale* A discourse touching provision for the poor (erschienen 1683, geschrieben jedoch 1659 nach *Eden* State of the poor I, 215.) Hier wird eine strengere Beaufsichtigung der Kirchspiele durch den Friedensrichter, eine Vereinigung der bisherigen Armensprengel in Gruppen und eine mehrjährige Anticipation der Armensteuer empfohlen, um solchergestalt ein Netz von Arbeitshäusern über das ganze Reich zu gründen. Der Verf. hegt von der Ausführung dieses Planes wahrhaft sanguinische Hoffnungen: nicht bloss einer Beseitigung fast aller Armennoth, sondern zugleich einer bedeutenden Hebung des Gewerbfleisses; obschon er, merkwürdig genug, die wichtigsten Bedenken, welche sich gegen die Ausführbarkeit erheben lassen, alle selbst aufgezählt hat. — Ein ähnliches Ziel, nur mit geringeren geistigen Hülfsmilteln, verfolgte *Richard Haines* Proposals for building in every county a working alms-house or hospital, as the best expedient to perfect the trade and manufactory of linnen cloth. (1677.) Vgl. *Eden I, 197 ff.* — Am nächsten erinnert an Locke der Plan des *Thomas Firmin* Proposals for the employing of the poor (1678), in Form eines Briefes an den Erzbischof Tillotson erschienen. Dieser Schriftsteller verwirft die öffentlichen Arbeitshäuser, ausgenommen für Vagabunden u. s. w.; die besseren Armen sollen nur Gelegenheit erhalten, in ihrer Wohnung zu arbeiten, und zwar hauptsächlich mit Flachs und Hanf, weil hier die Arbeit das Kapital mehr überwiegt, als in den meisten anderen Gewerben. Das Wichtigste bleibt jedoch immer, die armen Kinder zur Arbeit anzulernen. Daher meint Firmin, wenn er 100 Pfund St. für Armenzwecke bekäme, so würde er 20 Pfund zur Besoldung

einer Frau verwenden, die im Lesen und Spinnen unterrichtete; 5 Pfund zur Miethung eines Schullocales, 25 Pfund zur Anschaffung von Hanf und Flachs, 25 Pfund zur Ablöhnung der damit beschäftigten Kinder, 15 Pfund zum Verweben und Bleichen des Garnes, 8 Pfund zur Anschaffung der nöthigen Werkzeuge, endlich 2 Pfund zu einem Gastmahle für die Aufseher. Das auf solche Art erzeugte Fabricat müsste dann theils an die Kinder selbst, theils an kranke oder hülflose Arme verschenkt werden.

[189] Die Gesammtausgabe seiner Werke, nach welcher ich im Folgenden citiere, ist von Sir Charles Whitworth unter dem Titel *The political and commercial works of that celebrated writer, Charles D'Avenant, London 1771*, in 5 Octavbänden veranstaltet worden.

[190] Ich erinnere nur daran, dass Prideaux Hauptwerk im Jahre 1676 erschien, die Reise von Spon und Wheeler 1679; dass Bentley 1662, Potter 1674, Markland 1693 geboren wurden; dass Arbuthnot um 1704 in die *Royal Society* eintrat, Dodwell seit 1692, Davies besonders seit 1703, Ruddiman seit 1725 schriftstellerisch wirkten, und Chishull seine Reise in den Jahren 1715 ff. machte.

[191] Vgl. namentlich IV, 177.

[192] Offenbar nur unter der Voraussetzung richtig, dass die englische Woll- und die ostindische Baumwollproduction festgegebene, nicht vermehrbare Grössen seien.

[193] J. *Pollexfen England and East-India inconsistent in their manufactures. 1697. 12o.*

[194] Vgl. dagegen II, 238.

[195] Vgl. oben S. 79.

[196] Vgl. die ausführlichen Gründe gegen Einfuhrverbote und allzu hohe Zölle: V, 379 ff.

[197] Vgl. oben S. 65. — Bei dieser Gelegenheit wird auch (II, 224) die von King ersonnene Scala mitgetheilt, in welcher Progression das Deficit der Ernte den Kornpreis erhöhe. Ich habe die Unmöglichkeit, eine solche Scala gemeingültig zu machen, in meiner Schrift «Ueber Korntheuerungen» (1847) S. 7 nachgewiesen.

[198] Vgl. oben S. 63 fg.

[199] Einigermassen ist die letztere Idee nicht lange nachher durch die Errichtung der *Lords of Trade and Plantations* verwirklicht worden.

[200] Diess ist nachmals durch *Vanderlint Money answers all things* (1734) geschehen, der insoferne den Uebergang zu den Physiokraten bildet.

[201] Und doch hatte der Staat beim Abschlusse des Ryswiker Friedens (1697) nur 21515742 Pfund St. Schulden: *Hamilton An inquiry concerning the rise and progress etc. of the national debt, p. 65.*

[202] G. *King Natural and political observations and conclusions upon the state and condition of England in 1696.* Gedruckt erst 1801 durch den bekannten *Chalmers* als Anhang zu dessen *Estimate of the comparative strength of Great-Britain.*

[203] Ich habe früher des Eifers gedacht, mit welchem sich Davenant gegen jedes Verbot des ostindischen Handels erklärte. In dieser Hinsicht schliesst sich ein anonymes, aber höchst merkwürdiges Buch an ihn an: *Considerations upon the East-India trade. London 1701.* Mit einem neuen Titel, jedoch ohne sonstige Veränderung: *The advantages of the East-India trade to England considered, wherein all the objections to that trade are fully answered. 1720. (MacCulloch Literature, p. 99 ff.)* Weil die Gegner Ostindiens von der Einfuhr dortiger Fabricate den Untergang des englischen Gewerbfleisses und die Entleerung Englands von edlen Metallen befürchteten, so mussten die Freunde des indischen Handels möglichst erschöpfend den Ungrund dieser Besorgniss zeigen. Unser Verfasser thut das auf eine Weise, die MacCulloch mit A. Smith vergleicht. Abgesehen von ihrer Weitschweifigkeit und Tautologie, kann sie wirklich an alle Vorzüge und Einseitigkeiten der Smith'schen Schule erinnern. «Der ostindische Handel zerstört kein vortheilhaftes englisches Gewerbe; er beraubt das Volk keiner Beschäftigung, deren Erhaltung wir wünschen müssten. Die Begründung dieser Klage besteht darin, dass Manufacten aus Indien durch die Arbeit von weniger Menschen verschafft werden, als nöthig wären, um dieselben in England zu machen; und diess kann man zugeben. Hieraus folgt, dass ein Verbot der indischen Manufacten, um ähnliche Waaren durch die Arbeit von mehr

Händen in England verfertigen zu lassen, so viel ist, als Viele zu einer Arbeit zu verwenden, die ebenso gut von Wenigen gethan werden kann.» Mit denselben Gründen würde man auch jede wirksame Maschine, jede verbesserte Arbeitsmethode, jeden schiffbaren Strom verwerfen müssen, weil durch alle solche Dinge an Arbeit gespart wird; man würde es ablehnen müssen, wenn die Danziger uns ihr Korn schenken wollten, oder wenn die Vorsehung von Neuem Manna regnen liesse. Jedes Verbot in dieser Hinsicht ist ein Zwang, viele Menschenkräfte unnütz zu beschäftigen, die Bedürfnisse des Lebens auf die möglich theuerste Art zu befriedigen. «Wenn ich diess betrachte, so möchte ich mir immer sagen, dass Gott seine Segnungen an Menschen gewendet hat, die weder Herz noch Geschick besitzen, sie zu brauchen. Denn warum sind wir von der See umgeben? Sicherlich, damit unser Mangel zu Hause durch unsere Schifffahrt in andere Länder, die geringste und leichteste Arbeit, ergänzt werden möchte. Hierdurch kosten wir die Gewürze Arabiens, und fühlen doch niemals die brennende Sonne, welche sie hervorbringt; wir prangen in Seide, welche unsere Hände nie verarbeitet haben; wir trinken von Weinbergen, die wir nie gepflanzt; die Schätze von Minen sind unser, in welchen wir nie gegraben haben. Wir pflügen nur die Tiefe, und heimsen die Ernte jedes Landes der Welt ein!» Da Maschinen und Erfindungen dasselbe leisten, wie der indische Handel, nämlich das gleiche Quantum Arbeit, ohne Verringerung des individuellen Arbeitslohnes, wohlfeiler zu machen; und da ferner die Nothwendigkeit und der Wetteifer ein Hauptsporn zu Fortschritten ist: so lässt sich von der Freigebung des indischen Handels ein bedeutender Einfluss auf die Erfindungen u. s. w. im englischen Gewerbfleisse erwarten. Wenn mein Nachbar durch irgendwelche Kunstgriffe wohlfeiler producirt und verkauft, als ich, so bin ich gezwungen, auch meine Productionsweise zu verbessern und wohlfeiler zu machen. Aus diesem Grunde «wird der ostindische Handel wahrscheinlich mehr Künstler, mehr Ordnung und Regelmässigkeit in die englischen Manufacturen bringen; er wird diejenigen schliessen, welche am wenigsten nützlich und einträglich sind; die hier beschäftigten Leute werden sich alsdann auf andere Gewerbszweige verlegen, entweder solche, die besonders einfach und leicht sind, oder auf die einzelnen Theile anderer Gewerbe von der grössten Mannichfaltigkeit; denn einfache und leichte Arbeit ist am schnellsten gelernt, und die Menschen sind am vollkommensten und gewandtesten darin. Und so kann der ostindische Handel die Ursache werden, geeignete Theile sehr zusammengesetzter Arbeiten einzelnen und geeigneten Künstlern zu übergeben, und nicht zu Vieles der Geschicklichkeit einzelner Personen zu überlassen..... Je grösser die Verschiedenheit der Künstler in jeder Manufactur ist, je weniger der Geschicklichkeit der Einzelnen überlassen bleibt: desto grösser ist die Ordnung und Regelmässigkeit in jedem Geschäfte; dasselbe muss in weniger Zeit geschehen, die Arbeit muss geringer sein, und folglich der Preis der Arbeit niedriger, obschon sich die Löhne nicht verringern. So wird ein Stück Tuch von vielen Künstlern verfertigt: der Eine kämmt und spinnt, ein Anderer macht den Webestuhl, ein Anderer webt, ein Anderer färbt, ein Anderer appretiert das Zeug, und so ist immer ein geeigneter Theil des Werkes geeigneten Künstlern übertragen. Der Weber muss nothwendig geschickter und flinker im Weben sein, wenn das seine ganze und beständige Arbeit ist, als wenn derselbe Weber auch kämmen und spinnen, den Webestuhl machen, weben und appretieren und färben müsste. So muss der Spinner, Walker, Färber, Tuchmacher nothwendig geschickter und flinker in seinem eigenthümlichen Geschäfte sein, das seine ganze und beständige Arbeit ist, als irgend ein Mann in demselben Geschäfte sein kann, dessen Geschicklichkeit durch eine Menge anderer Geschäfte verwirrt wird.» Mit der nämlichen Weitläufigkeit werden hiernächst die Vorzüge der Arbeitstheilung im Uhrmachergewerbe nachgewiesen.

[204] *Daniel Wakefield An essay upon political economy (1804)* wirft ihm geradezu vor, den «grossen» Sir James Steuart auf das Eifrigste benutzt, aber undankbar genug nie citiert zu haben.

[205] So die A. Smith'sche Lehre von der Arbeitstheilung in Mandeville *Fable of the bees, or private vices public benefits (1714)*; Ricardos Lehre von der Grundrente in Anderson *Inquiry into the nature of the corn-laws (1777)*; Malthus Lehre von der Bevölkerung in Benj. Franklin *Observations concerning the increase of mankind (1751)*. Auf dieselbe Art hat Prices Theorie des Sinkingfund in Nathanael Gould *An essay on the public debts*

177

of this kingdom (1726) und *A defence of an essay etc. (1727)* ihren Vorläufer; Ricardos Plan, die Staatsschuld auf das Privatvermögen umzulegen, in Archibald Hutcheson *Treatises relating to the national debt (1721)*; die neuere Praxis der Zinsreductionen in John Barnard *Considerations on the proposal for reducing the interest of the national debt. (1750)* U. dgl. m.

[206] Wenn der Gegensatz von Sullysmus und Colbertismus, weiterhin von Physiokratie und Mercantilsystem grossentheils auf dem tiefern Gegensatze von Land und Stadt beruhet: so hat J. S c h ö n (Neue Untersuchung der Nationalökonomie, S. 14) gewiss nicht Unrecht, die Freiheit schon der älteren Engländer von solchen Einseitigkeiten dadurch zu erklären, dass ihre Verfassung jede schroffe Opposition zwischen Land und Stadt verhinderte.

178

www.ingramcontent.com/pod-product-compliance
Lightning Source LLC
Chambersburg PA
CBHW020541270326
41927CB00006B/667